요양병원, 우리 모두의 정거장
- 전남제일요양병원 이야기

지승규

굿스펠디자인

요양병원, 우리 모두의 정거장
- 전남제일요양병원 이야기

초판발행_ 2025년 10월 6일

지은이_ 지승규

펴낸이_ 윤환
펴낸곳_ 굿스펠디자인
등록번호_ 제 2025-000003호
주소_ 서울, 종로구 율곡로14길 10, 7층
ISBN_ 979-11-991166-1-0 (03510)

무단 전제와 복제를 금합니다.

전남제일요양병원 이야기

요양병원
우리 모두의 정거장

지승규

굿스펠디자인

요양병원, 희망의 정거장

우리 사회가 초고령사회의 문턱을 넘어서면서 요양병원은 이제 우리 모두와 가까운 의료기관이 되었습니다. 그 중요성에도 불구하고 요양병원은 오랜 시간 사회적 편견과 오해의 그늘에 있었습니다. '현대판 고려장', '돌아 올 수 없는 곳' 같은 무거운 꼬리표는 현장에서 묵묵히 최선을 다해 온 우리 요양병원인 모두에게 상처이자 넘어야 할 벽이었습니다.

그런 현실 속에서 지승규 원장의 『요양병원, 우리 모두의 정거장』은 요양병원이 결코 삶의 종착역이 아니라, 급성기 치료를 마친 환자들이 잠시 숨을 고르고 전문적 재활과 돌봄을 통해 다시 가정과 사회로 돌아가도록 돕는 '희망의 정거장'임을 차분히 보여 줍니다. 이는 우리가 나아가고자 하는 방향과 맞닿아 있습니다.

저자는 10여 년간 요양병원 현장을 지키며 환자의 존엄을 지키기 위한 노력과 의료의 질을 높이기 위한 개선을 멈추지 않았습니다. 이 책이 깊은 울림을 주는 이유는 저자 개인의 생각을 넘어, 현장의 모든 목소리를 생생하게 담아냈기 때문입니다. 요양병원에 입원한 환자와 보호자의 애환, 그리고 의사, 간호사, 간호조무사, 치료사, 요양보호사, 간병인, 행정직원에 이르기까지 환자의 곁을 지키는 모든 직원의 일상이 담겨 있습니다. 우리가 이 글을 읽으며 함께 웃고 울고 공감할 수 있는 이유가 바로 여기에 있습니다. 책의 곳곳에는 요양병원 가족들의 땀과 헌신이 배어 있습니다.

『요양병원, 우리 모두의 정거장』은 정책 입안자에게는 현장의 목소리를 담은 정책 제안서가, 동료 요양병원장과 종사자에게는 위로와 용기를 주는 동료의 격려가, 환자와 보호자에게는 요양병원이 믿고 선택할 수 있다는 든든한 안내서가 될 것입니다.

저자의 귀한 노력에 감사드리며 이 책이 우리 사회의 인식을 바꾸고 요양병원의 새로운 미래를 여는 길잡이가 되기를 기대합니다.

- 임선재
(대한요양병원협회 회장)

요양병원은 많은 사람들에게 인생의 마지막에 머무는 곳, 종착역처럼 여겨집니다. 그러나 저는 늘 요양병원이 인생의 끝이 아니라 가정과 지역사회로 복귀하여 다시 삶을 이어갈 수 있도록 힘을 주는 곳이어야 한다고 강조해 왔습니다. 지승규 원장이 펴낸 『요양병원, 우리

『모두의 정거장』은 바로 그러한 믿음과 철학을 담은 소중한 책입니다.

지 원장은 지난 10여 년간 요양병원을 운영하며 단지 진료만이 아니라 요양병원 스스로 변화를 끊임없이 모색해 왔습니다. 환자 안전, 감염관리, 재활, 호스피스·임종 돌봄 등 현장의 이야기를 있는 그대로 담아낸 이 책은 요양병원이 어떻게 환자의 삶을 다음 여정으로 연결하는 희망의 정거장이 될 수 있는지를 보여줍니다.

저는 요양병원을 항구에 비유하곤 합니다. 항해 중 배가 고장 나면 항구에 들어와 수리하고 다시 힘차게 바다로 나아가듯, 요양병원은 환자가 잠시 머물며 회복하고 다시 가정과 지역사회로 돌아갈 수 있도록 돕는 항구와 같은 곳입니다. 『요양병원, 우리 모두의 정거장』은 이 점을 감동적으로 풀어내며 요양병원이 단순한 머무름의 공간이 아닌 다시 출발을 준비하는 공간임을 일깨워 줍니다.

무엇보다 이 책이 특별한 이유는 화려하지 않은 일상에서 묵묵히 환자의 곁을 지켜온 의료·간호·재활·행정 종사자들의 헌신이 고스란히 담겨 있기 때문입니다. 밤을 지새우며 응급 상황에 대처하는 순간, 작은 호전에도 함께 기뻐하는 장면, 마지막 길을 평안하게 지켜내는 정성 어린 손길까지. 이 모든 모습은 요양병원 종사자가 환자의 존엄을 지켜내는 진정한 사명자임을 보여줍니다.

『요양병원, 우리 모두의 정거장』은 우리에게 다시 한 번 초심을 일깨워 줍니다. 환자를 한 사람의 삶으로 바라보는 마음, 작은 변화에도 귀 기울이는 세심함, 그리고 그 곁을 끝까지 지키려는 따뜻한 동행의 정신. 저는 이 책이 현장에서 고군분투하는 모든 종사자에게는 자부심을, 환자와 가족들에게는 신뢰와 안심을, 그리고 우리 사회에는 요양병원의 진정한 의미를 전하는 길잡이가 되리라 확신합니다.

요양병원은 결코 인생의 끝이 아닙니다. 서로를 돌보고 다음 여정을 준비하며 새로운 희망을 기다리는 우리 모두의 정거장입니다. 저는 이 책을 모든 독자에게 기꺼이 권합니다.

- 손덕현
(전 대한요양병원협회장, 울산이손병원장)

요양병원은 그동안 종종 고려장이라는 잘못된 시선 속에 가려져 왔습니다. 그러나 저자는 오랜 시간 현장에서 환자와 함께하며 요양병원이 단순히 머무르는 곳이 아니라 다시 일어설 힘을 얻고 삶으로 돌아가는 우리 모두의 정거장임을 보여주고 있습니다.

이 책에는 환자 한 분 한 분의 아픔을 함께 겪고 회복을 응원하며 다시 가족의 품과 일상으로 돌아가기를 바라는 따뜻한 마음이 고스란히 담겨 있습니다. 그래서 이 책은 의료계 관계자뿐 아니라 우리 사회 모두가 함께 읽어야 할 소중한 기록이라 생각합니다.

저자는 경험과 고민을 넘어 희망의 메시지를 전하고 있습니다. 환자와 의료진, 지역사회가 서로 기대고 힘이 되어 함께 나아가야 한다는 믿음이 책 전반에 흐르고 있습니다. 그 울림이 많은 분께 용기와 희망을 전해주리라 확신합니다.

"요양병원 우리 모두의 정거장"이란 제목처럼, 이 책이 누군가의 발걸음을 다시 일으켜 세우는 힘이 되고 요양병원의 새로운 미래를 밝히는 등불이 되기를 진심으로 바랍니다. 저 또한 저자의 진심과 헌신에 깊이 공감하며 따뜻한 응원의 마음을 보탭니다.

- 이필수
(41대 대한의사협회장 / 경기도의료원장)

저자가 출간하는 이 책의 제목, 『요양병원, 우리 모두의 정거장』의 의미를 다시 생각해 보게 됩니다. 일반적으로 정거장이라 하면 흔히 목적에 도착하기 전에 잠시 들르는 곳을 의미합니다.

흔히 요양병원을 죽으러 가는 곳이라고 인식하는 분이 많습니다. 하지만, 이 책은 요양병원을 최종 목적지가 아니라 잠시 머무르는 정거장으로서의 요양병원 역할을 재조명하고 있습니다.

중증 환자의 의료 기능 강화, 암 환자의 의료 기능 강화, 호스피스에 관한 요양병원의 기능 등 요양병원이 죽기 전에 머무르는 최종 종착지가 아니라 의료 기능 강화와 재활로 다시 집으로 갈 수 있게 해주는 정거장 역할을 재조명했습니다.

현재 노인 환자에 관한 서비스를 제공하는 곳은 재활병원, 요양병원, 요양원이 있습니다. 이 세 기관의 기능과 역할이 중복되어 모호한 부분이 있는데 이 책에서는 요양병원만 제공할 수 있는 특화된 기능을 잘 설명하고 있습니다.

이 책이 요양병원만의 정체성을 지키면서 앞으로 나아갈 수 있는 길잡이가 될 수 있는 책이라 생각하고 있습니다. 지금 요양병원 운영에서 어려움을 겪고 있는 분에게는 좋은 참고서가 될 것이고 요양병원을 이용해야 하는 환자에게는 좋은 정보를 제공하는 안내서가 될 수 있기에 필독을 권유해 드립니다.

- 이윤환
(대한요양병원협회 부회장, 경도요양병원 이사장, 『불광부급』 저자)

암 치료의 여정에서 환자와 가족에게 '좋은 마무리(well-dying)'를 안내하는 것은 언제나 무거운 숙제입니다. 지승규 원장은 요양병원이라는 공간을 생의 마지막을 준비하는 존엄한 정거장으로 만들기 위해 현실의 벽을 넘어서는 용기 있는 도전을 계속해 왔습니다.

환자를 향한 그의 따뜻한 시선과 끊임없는 성찰이 담긴 이 책은 삶의 마지막 여정을 맞이한 환자와 가족에게는 따뜻한 위로를, 동료 의료인에게는 나아가야 할 방향을 제시하는 등대가 되어줄 것입니다.

- 오인재
(호흡기내과 교수)

prologue

요양병원과 정거장

　정거장(停車場)은 '열차나 버스 등이 일정 시간 머무르며 승객을 태우고 내리는 곳'이라는 사전적 정의를 넘어, 그보다 더 깊은 철학이 담겨 있다. 한자로 풀어보면 멈출 정(停), 수레 차(車), 마당 장(場), 즉 수레가 멈추는 마당이다. 하지만 정거장은 단순히 멈추는 곳이 아니다. 그곳은 도착과 출발이 공존하고 만남과 이별이 교차하며 일상과 여행이 맞닿는 경계다.

　우리나라 근대사에서 정거장은 여러모로 특별한 의미가 있다. 1899년 경인선 개통과 함께 등장한 기차역은 새로운 문명의 관문이었고 식민지 시대에는 고향을 떠나는 이의 눈물이 밴 곳이었으며 전쟁 중에는 생사가 갈리는 피난의 길목이었다. 1953년 남인수가 부른 "이별의 부산정거장"은 한국전쟁의 아픔을 고스란히 담았고 곽재구의 「사평역에서」는 평범한 부부의 모습을 통해 한국 현대사의 애환을 담아냈다. 정거장은 거창한 역사가 아닌 소박한 일상의 터전이었다.

문학과 대중가요 속에서도 정거장은 늘 특별했다. 박목월의 「나그네」에서 "강나루 건너서 밀밭 길을" 가는 나그네가 잠시 머무는 나루터, 황석영의 『삼포 가는 길』에서 공사판을 떠도는 노동자가 만나는 버스 정류장, 김수희의 "남행열차"에서 "비 내리는 호남선"을 타고 떠나는 복잡한 심경까지. 우리는 인생의 전환기, 잠시 숨 고르는 시기를 비유할 때 정거장이라는 공간을 자주 사용했다. "길 위의 휴식처, 다음 행선지를 선택하는 곳"이라는 뉘앙스가 녹아 있기 때문이다.

그렇다면 요양병원은 어떨까? 많은 이들은 요양병원을 종착지라고 생각한다. 더 이상 갈 곳이 없는, 인생의 마지막 정거장이라고 여긴다. 하지만 15년간 요양병원에서 환자와 함께하며 보니 이것은 사실과 달랐다. 요양병원은 정거장이었다. 종착지가 아니었다. 진정한 의미의 정거장이었다. 잠시 머물며 숨을 고르고 다음 여정을 준비하며, 때로는 새로운 만남을 기다리는 "정거장" 말이다.

2011년 전남대학교 화순노인전문병원에서 요양병원 의사로 첫발을 내디딘 이후, 2015년 전남제일요양병원을 개원하며 지금까지 걸어온 길을 돌아보면 수많은 환자가 이곳에서 다시 일어섰다. 인공호흡기를 떼고 집으로 돌아간 할머니, 재활치료를 통해 걸음을 되찾은 어르신, 암 치료 후 새로운 삶을 시작한 청년. 이들에게 요양병원은 삶의 전환점이자 정거장이었다.

그러나 모든 환자분이 다 좋은 결과를 받아 든 것은 아니다. 이곳에서 생의 마지막을 평안하게 보내신 분도 있다. 하지만 돌이켜보면 그분에게마저도 요양병원은 종착역이 아닌, 또 다른 여정을 위한 정거장이었다.

정거장의 본질은 연결이다. 정거장은 머무는 곳이지만 떠나는 곳이고 쉬는 곳이지만, 달릴 준비를 하는 곳이며 혼자인 듯하지만 함께하는 곳이다. 요양병원도 마찬가지다. 환자와 가족, 의료진이 만나 서로를 돌보고 치유하며 성장하는 공간이다. 때로는 회복의 디딤돌이 되고 때로는 평안한 쉼터가 되며 때로는 새로운 출발의 발판이 된다.

하지만 요양병원이라는 정거장을 둘러싼 시선은 여전히 따가웠다. "사회적 입원을 양산하는 곳", "환자를 버리는 곳"이라는 편견 속에서, 때로는 "말기 암 진단을 받은 요양병원"처럼 느껴질 때도 있었다. 정부의 억제 정책은 마치 세포독성항암제

처럼 좋은 병원과 나쁜 병원을 구분하지 않고 전체를 위축시켰다. 그 속에서 살아남기 위해서는 뼈를 깎는 변화가 필요했고 의료 기능을 강화하며 새로운 길을 찾아야 했다. 15년의 여정 동안 암 요양 시장의 변화와 혼란을 겪으며 결국 가장 본질적인 것으로 돌아가게 되었다. 바로 의료와 돌봄이라는 hospital의 원래 의미 말이다.

오늘도 요양병원은 여전히 환자와 함께 "환대(hospitality)"의 정신을 실천하고 있다. 매일 아침 환자를 살피는 회진을 통해 작은 기적을 만들어가고 있다. 때로는 밤새 심폐소생술을 해야 하는 응급 상황이 찾아오고 때로는 "친절한 죽음"을 위한 어려운 선택 앞에 서기도 한다. 그러나 변하지 않는 것이 있다. 이곳이 여전히 사람을 중심으로 존엄을 지키며 희망을 품고 운영되는 진정한 정거장이라는 사실이다. 이 정거장에서 만나는 모든 이와 함께 성장해 가고 있다는 현실 말이다.

이 책은 요양병원이라는 정거장에서 벌어지는 일상의 이야기를 담았다. 간호사들의 조용한 헌신, 환자들의 작은 기적, 가족의 사랑과 눈물, 그리고 의료진의 보람과 고민까지. 화려하지 않지만 소중한, 티는 나지 않지만 없어서는 안 될 그런 이야기이다. 아이유의 노래 가사처럼 "다음 정거장엔 네가 있을 것 같아 왠지 설레는" 그런 기대와 희망이 살아 있는 곳, 그곳이 바로 요양병원이라는 정거장이다.

　요양병원은 인생의 끝이 아니다. 새로운 만남과 위로를 기다리는 우리 모두의 정거장이다. 이곳에서 잠시 쉬어가며 서로를 돌보고 다음 여정을 준비하는 모든 이에게 이 이야기를 전한다.

2025년 9월

전남제일요양병원 원장 지승규

목차

추천사. 요양병원, 희망의 정거장 ___ 4
prologue. 요양병원과 정거장 ___ 10

요양병원, 우리 모두의 정거장

요양병원, 우리 모두의 정거장 ___ 22
변화, 규범과 맥락 사이에서 ___ 28
시선, 진료의 경계를 넘어서기 위해 ___ 32
진료, 지식에서 태도로 ___ 38
진료, 오해가 아닌 이해를 위해 ___ 46
포지션, 더 나은 미래를 위해서 ___ 52
연속성, 의료가 의료될 수 있도록 ___ 60
환자, 존중받아야 하는 개별성 ___ 66
존엄, 마지막을 위한 의료 ___ 72
요양병원, 종착역이 아닌 정거장으로 ___ 78

요양병원에서 느끼는 삶의 한 자락

- 버리는 것이 아닌 지나가는 것___ 86
- 생존의 기로에서 기대하는 것___ 92
- 더는 쉼터가 될 수 없다는 것___ 98
- 생존을 넘어 성장한다는 것___ 104
- 의사의 마음이 젊다는 것___ 110
- 실제로 환자를 맞는다는 것___ 116
- 입원과 퇴원을 이어간다는 것___ 120
- 식사를 통해 환자를 읽는다는 것___ 126
- 판단을 요구받는다는 것___ 130
- 함께 치료한다는 것___ 134
- 병원이 자본주의화 된다는 것___ 140
- 병원을 운영한다는 것___ 146
- 3개월을 통해 기대하는 것___ 154
- 호스피스를 권유한다는 것___ 162

소원과 작별, 그 사이 어디에

당신의 마지막 바람은 무엇입니까___ **172**
사진 한 장 남기고 싶습니다___ **178**
고향 땅 한 번 밟아보고 싶습니다___ **186**
누구에게나 동일했으면 좋겠습니다___ **194**
아프지 않았으면 좋겠습니다___ **200**
가족과 함께하면 좋겠습니다___ **206**
삶의 의미를 알고 싶습니다___ **212**
나도 돌봐주면 좋겠습니다___ **218**
주저앉지 않았으면 좋겠습니다___ **224**

조용한 손길이 지켜낸 질서

정거장에서 만난 동행자들___ **234**
안전한 정거장을 지키는 전쟁___ **242**
정거장을 떠받치는 기둥___ **248**
정거장에서의 작은 약속___ **256**
환자여정을 기록하는 작은 나침반___ **264**
정거장을 지키는 보이지 않는 기준___ **270**
위기 상황에서의 리더십___ **274**
요양병원이 준비해야 하는 능력___ **280**
함께 미래로 나아가는 요양병원___ **286**

epilogue. 괜찮아! 잘했어! 고마워! 존중해! **292**

요양병원,

우리 모두의 정거장

요양병원, 우리 모두의 정거장

기차역에 서면 누구나 느끼는 감정이 있다. 떠나는 이들과 맞이하는 이들, 여행의 시작과 귀향의 끝이 교차하는 공간에서 우리는 삶의 흐름을 실감한다. 요양병원도 그런 곳이다. 하지만 많은 사람들이 요양병원을 종착역으로 생각한다. 모든 것이 끝나는 마지막 정거장으로 받아들인다. 그러나 그것은 요양병원의 진정한 의미가 아니다. 그것은 삶과 죽음 사이에서, 환자와 가족 사이에서, 현재와 미래 사이에서 사람들이 잠시 머물며 다음 여정을 준비하는 "정거장"이다.

전통적으로 의료기관의 개념은 명확하다. 아픈 사람이 와서 치료받고 나아서 돌아가는 곳이다. 의료진은 환자를 치료하고, 환자가 회복되면 그 관계는 종료된다. 하지만 고령화 사회에서 이런 단순한 도식은 현실과 맞지 않는다. 특히 요양병원에서는 완치라는 목표점이 불분명한 경우가 많고, 그렇기에 병원과 환자, 가족의 삶이 복잡하게 얽혀 있다. 치료는 끝났지만 돌봄은 계속되고, 환자는 떠났지만 가족의 아픔은 남아있다.

요양병원이 진정한 정거장 역할을 하려면 그 기능을 시간적으로, 공간적으로 확장해야 한다. 시간적으로는 환자의 생전뿐만 아니라 사후까지, 공간적으로는 병실 안뿐만 아니라 지역사회까지 그 역할을 넓혀야 한다. 환자가 마지막 시간을 보낸다면 그 시간은 단지 기다림이 아니라 준비가 되어야 한다. 환자 자신의 준비이자 남겨질 가족의 준비가 되어야 한다.

사별 후 돌봄이 바로 이런 맥락에서 중요하다. 환자가 세상을 떠난다고 해서 요양병원과 가족의 관계가 끝나는 것이 아니다. 오히려 그때부터 시작되는 새로운 돌봄이 있다. 남은 가족과 슬픔을 나누고 기억을 정리하며 이후의 삶을 살아갈 힘을 함께 찾아가는 과정이다. 이것 또한 요양병원이 제공해야 하는 돌봄의 연장선에 있다.

이런 관점에서 보면 사별 가족 모임은 단순한 위로의 자리가 아니다. 그것은 죽음이 끝이 아니라 또 다른 시작임을 확인하는 의식이다. 고인을 기억하는 것은 과거에 머무르는 일이 아니라 그 기억을 바탕으로 미래를 살아갈 힘을 얻는 일이다. 요양병원은 이런 전환을 돕는 정거장 역할을 해야 한다.

이런 확장된 역할은 새로운 도전을 의미한다. 현재의 의료수가체계는 환자 치료에만 초점을 맞춰 있어서 사별 후 돌봄이나 지역사회 연계 활동에 대한 보상이 거의 없다. 하지만 고령화 사회에서 이런 서비스의 사회적 가치는 점점 커지고 있다. 의료기관이 단순한 치료 제공자를 넘어 지역사회 돌봄 허브로 역할을 확장할 때, 그에 맞는 평가와 지원 체계가 필요하다.

요양병원의 물리적 공간도 이런 확장된 역할을 반영해야 한다. 병실과 진료실만이 아니라 가족들이 함께 시간을 보낼 수 있는 공간, 추억을 나눌 수 있는 장소, 사별 후에도 방문할 수 있는 열린 공간이 필요하다. 병원이 환자만의 공간이 아니라 가족과 지역사회 전체를 위한 공간이 되어야 한다는 의미다.

인력 구성에서도 변화가 필요하다. 의사와 간호사뿐만 아니라 사회복지사, 상담사, 영적 돌봄 제공자, 자원봉사자 등 다양한 전문가들이 함께 일할 수 있는 구조가 필요하다. 이들은 환자 치료뿐만 아니라 가족 지지, 지역사회 연계, 사별 후 돌봄까지 포괄하는 통합적 서비스를 제공해야 한다.

기술적으로도 새로운 가능성이 열리고 있다. 디지털 추모

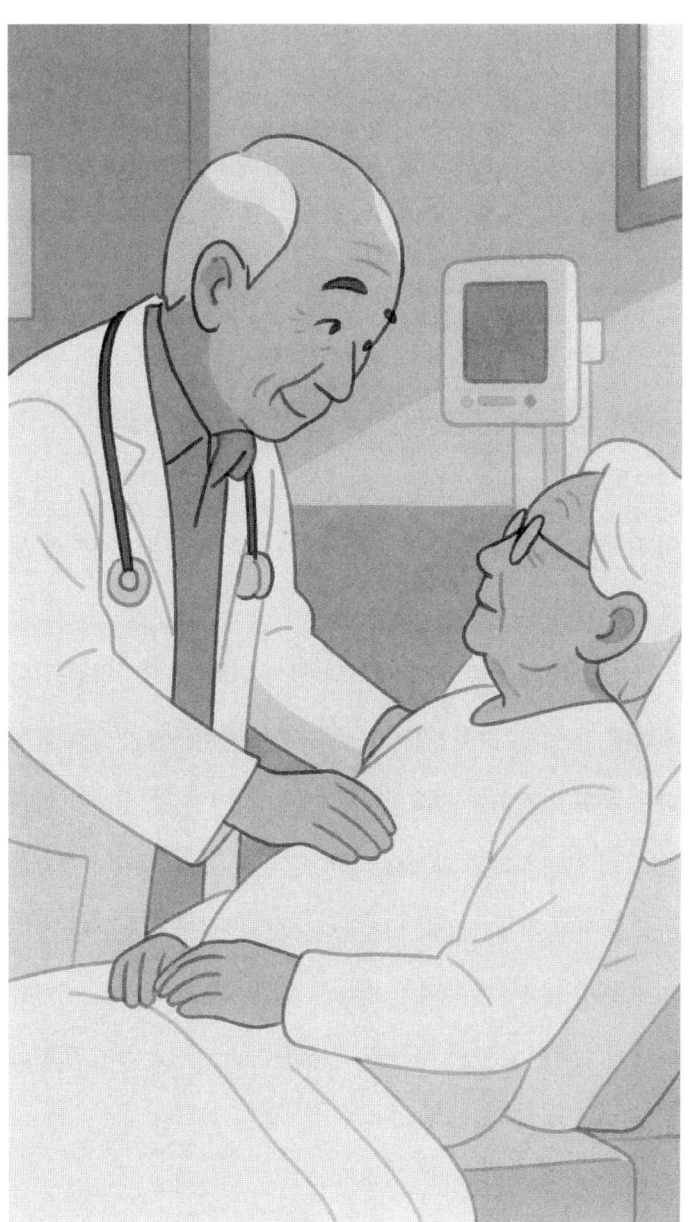

공간, 온라인 사별 지지 그룹, 가상현실을 활용한 추억 공유 등이 전통적인 돌봄 방식을 보완할 수 있다. 하지만 기술은 수단일 뿐이다. 더 중요한 것은 요양병원이 생과 사를 잇는 공간이라는 철학적 인식이다.

이런 변화는 요양병원 운영진과 의료진에게도 새로운 역량을 요구한다. 단순히 의료 서비스를 제공하는 것을 넘어, 지역사회의 돌봄 생태계를 조율하고 연결하는 능력이 필요하다. 환자 개인뿐만 아니라 가족, 지역사회와 소통하고 협력하는 기술이 요구된다. 이는 의료진 교육과정에서부터 반영되어야 할 새로운 관점이다.

무엇보다 중요한 것은 사회의 인식 변화다. 요양병원을 마지막에 가는 곳이 아니라 새로운 여정을 준비하는 곳으로 인식하는 문화적 전환이 필요하다. 죽음을 숨겨야 할 실패가 아니라 삶의 자연스러운 과정으로 받아들이고 그 과정에서 필요한 돌봄을 사회 전체가 함께 나누는 문화를 만들어가야 한다.

정거장에서는 누군가가 떠나고 누군가가 도착한다. 이별과 만남이 교차하고 끝과 시작이 공존한다. 요양병원도 그런 공간이 되어야 한다. 환자의 마지막이 가족의 새로운 시작으로 이어지고 개인의 죽음이 공동체의 성장으로 연결되는 그런 공간

말이다. 생과 사를 가르는 선이 아니라 생과 사를 잇는 다리 역할을 할 때, 요양병원은 비로소 진정한 의미의 치유 공간이 될 수 있을 것이다.

이것이 바로 요양병원이 지향해야 할 새로운 정체성이다. 종착역이 아닌 정거장으로서, 끝이 아닌 연결로서, 이별이 아닌 동행으로서의 역할. 그런 요양병원에서 우리는 비로소 죽음 앞에서도 희망을 이야기할 수 있고 상실 속에서도 새로운 의미를 찾을 수 있을 것이다.

변화, 규범과 맥락 사이에서

"선생님, 이분 어떻게 할까요?"

새벽 당직실을 두드리는 간호사의 목소리에는 긴장감이 묻어있었다. 박○○ 님이 갑작스럽게 호흡곤란을 호소한다는 것이다. 어제 저녁까지만 해도 평상시와 다름없던 분인데, 산소포화도 88%, 혈압 180/100, 심전도상 새로운 심방세동이 나타났다. 급성 심부전이었다. 요양병원 의사는 중대한 판단의 기로에 선다.

요양병원은 단순한 돌봄의 공간이 아니다. 급성기 병원을 거쳐 회복기를 지나온 환자들이 머무는 요양병원에서는, 종종 의외의 긴장과 중대한 판단이 요구되는 의료 상황이 발생한다. 겉보기에는 안정적인 상태를 유지하고 있는 듯 보이는 환자일

지라도 어느 날 갑자기 증상이 악화되는 경우는 드물지 않다. 그리고 그 순간, 요양병원의 역할이 시험대에 오르게 된다.

요양병원에 입원한 환자는 대개 고혈압, 당뇨, 심혈관 질환, 치매 등 만성 질환을 앓고 있으며 고령인 경우가 대부분이다. 이들은 평소에도 여러 가지 건강 리스크를 안고 살아가고 있으며 체력과 면역력 저하로 인해 감염이나 급성 악화에 노출되기 쉽다. 때로는 아무렇지 않아 보였던 상태에서 폐렴, 요로감염, 패혈증, 급성 심부전 등이 갑작스럽게 발생하기도 한다. 이러한 질환은 즉각적인 조치가 없으면 생명을 위협할 수 있는 중대한 문제로 번질 수 있다.

이러한 맥락에서 요양병원 의사의 역할은 명확해진다. 변화의 조짐을 놓치지 않고 적시에 필요한 검사를 시행하며 치료 방향을 신속하게 결정하는 능력이 요구된다. 이는 단순히 반복적인 회진과 처방만으로는 충족될 수 없는 역동적이고 세심한 임상의 역량이 있어야 한다. 어제까지 멀쩡하던 환자의 발열, 식욕부진, 보행장애, 의식 저하 등의 미세한 변화는 때로 생명을 지키는 신호일 수 있다.

더욱이, 이런 판단은 단지 의학적 기준만으로 결정되지 않는다. 치료의 방향성과 한계는 환자 개인의 의지, 가족의 의견,

그리고 환자가 놓인 삶의 맥락 속에서 신중하게 고려되어야 한다. 적극적인 치료가 필요하지만, 이미 연명의료에 대한 의사결정이 이루어진 상태이거나 임종 돌봄을 준비하는 상황이라면 치료의 방향은 전혀 다른 결로 이어질 수밖에 없다.

실제로 요양병원에서는 상급 병원으로의 전원이 필요하지만 현실적인 어려움으로 인해 병원 내에서 가능한 모든 치료를 시행해야 하는 경우가 빈번하다. 특히 지방 소도시나 농어촌 지역에서는 응급실 전원이 원활하지 않은 상황도 많다. 이런 여건에서 요양병원은 일종의 의료적 최전선이 되며 그만큼 병원의 의료 역량과 시스템은 환자의 생사와 직결되는 지점에 놓이게 된다.

그렇기에 요양병원의 의료진은 지속적으로 자기 성찰과 역량 강화를 도모해야 한다. 반복적인 일상에도 임상의 긴장감을 유지하며 어제와 다름없는 오늘 속에서 변화의 씨앗을 발견할 수 있어야 한다. 이를 위해서는 병원 차원의 지원도 필수적이다. 적절한 검사 체계, 진료 가이드라인, 다학제적 협력 구조, 그리고 의사결정지원시스템 등은 임상의가 상황을 정확히 파악하고 신속하게 대응할 수 있도록 돕는 기반이 된다.

그뿐만 아니라, 이러한 환자의 변화에 신속하게 대처하기 위해서는 병동 간호 인력과의 긴밀한 협조가 무엇보다 중요하다. 환자의 상태 변화를 가장 먼저 감지할 수 있는 간호사의 직관과 판단은 의사의 진료 결정과 맞물려 환자 안전을 지키는 중대한 축이 된다. 이처럼 요양병원의 진료는 단독플레이가 아닌 팀 기반의 대응이라는 본질을 항상 염두에 두어야 한다.

결국 요양병원의 의료적 책임은 단순한 의료행위의 제공만이 아닌, 환자 개인의 삶에 대한 깊은 이해와 공감, 그리고 긴장감 있는 관찰과 대응의 연속 속에서 실현된다. 이 책임을 묵묵히 감당해 내는 의사의 노력 속에는 임상의로서의 전문성과 인간으로서의 따뜻한 마음이 함께 담겨 있다. 이러한 역량과 자세가 바로, 요양병원이 단순한 요양시설을 넘어선 의료기관으로서의 정체성을 견고히 다져가는 길이 될 것이다.

시선, 진료의 경계를 넘어서기 위해

의료의 경계는 어디까지일까? 전통적으로 의료는 병원이라는 물리적 공간 안에서, 의사와 환자라는 관계 속에서, 질병의 진단과 치료라는 목적을 위해 존재해 왔다. 하지만 고령화 사회로 접어들면서 이런 경계는 점차 흐려지고 있다. 특히 요양병원에서는 이 경계의 재정의가 더욱 절실하다. 환자의 삶이 병원 안에서 끝나지 않고 치료가 완치로 이어지지 않는 경우가 대부분이기 때문이다. 이제 우리는 진료의 경계를 병실 밖으로, 퇴원 이후로, 때로는 생의 마지막을 넘어서까지 확장해야 할 시점에 와 있다.

현재 우리나라 의료 시스템은 급성기 중심으로 설계되어 있다. 아프면 병원에 가서 치료받고 나으면 집으로 돌아가는 구조다. 하지만 만성질환 시대, 고령화 시대에는 이런 이분법적 접근으로는 한계가 있다. 환자는 병원과 가정을 오가며 지속적인 관리가 필요하고 의료진은 치료뿐만 아니라 돌봄, 예방, 사회적 지지까지 고려해야 한다. 특히 요양병원 환자들에게는 완치라는 개념 자체가 적용되기 어려운 경우가 많다.

이런 변화는 단순히 의료 기술의 발전이나 제도의 개선만으로는 해결되지 않는다. 의료진의 관점과 역할에 대한 근본적인 성찰이 필요하다. 의사는 더 이상 질병만을 보는 전문가가 아니라 환자의 삶 전체를 조망하는 조력자가 되어야 한다. 간호사는 병실에서의 케어를 넘어 지역사회까지 연결하는 다리 역할을 해야 한다. 사회복지사는 개별 상담을 넘어 사회적 안전망 구축에 참여해야 한다.

이런 변화의 필요성은 정책적으로도 동일하게 제기된다. 정부는 지역사회 통합 돌봄, 만성질환 관리, 연속적 돌봄 등의 개념을 제시하며 의료와 복지의 경계를 허물려 하고 있다. 하지만 제도의 변화만으로는 부족하다. 현장에서 실제로 환자를 만나는 의료진의 인식 변화가 더욱 중요하다. 진료의 범위를 어디까지 볼 것인가, 의료진의 책임이 어디까지인가에 대한 새로운 합의가 필요하다.

요양병원은 이런 변화의 최전선에 있다. 급성기 병원과 지역사회 사이에서, 치료와 돌봄 사이에서, 의료와 복지 사이에서 가교 구실을 하고 있다. 그렇기에 요양병원의 진료 철학은 단순히 한 기관의 운영 방침을 넘어 미래 의료의 방향을 제시하는 실험장이 될 수 있다. 병원의 치료가 지역사회에서의 삶으로 자연스럽게 이어지는 모델, 의료진과 환자가 단기적 관계가 아닌 지속적 동반자가 되는 모델을 만들어가는 것이다.

이를 위해서는 의료진의 역량도 확장되어야 한다. 단순히 의학적 지식만으로는 부족하다. 지역사회 자원에 대한 이해, 복지 제도에 대한 지식, 가족 상담 기법, 사회 복지적 관점까지 갖춰야 한다. 이는 개별 의료진의 노력만으로는 한계가 있다. 의료진 교육 과정에서부터 이런 관점이 포함되어야 하고, 병원 조직도 이를 뒷받침할 수 있는 구조로 변화해야 한다.

기술적 측면에서도 경계의 확장이 필요하다. 전자의무기록은 병원 안에서만 사용되는 것이 아니라 지역 의료기관, 복지 기관과 연결되어야 한다. 원격 모니터링 기술을 통해 퇴원 후에도 환자 상태를 지속적으로 관찰할 수 있어야 한다. 인공지능을 활용한 예측 시스템으로 위험 상황을 사전에 감지하고 대응할 수 있어야 한다.

하지만 무엇보다 중요한 것은 철학적 전환이다. 의료를 병을 고치는 일에서 삶을 돕는 일로 확장하는 것이다. 환자를 치료 대상에서 동반자로 인식하는 것이다. 의료진의 역할을 전문가에서 조력자로 재정의하는 것이다. 이런 변화는 단순히 서비스 개선의 차원이 아니라 의료가 추구해야 할 가치에 대한 근본적 성찰과 연결된다.

물론 이런 변화에는 현실적 제약이 따른다. 수가 구조의 한계, 인력 부족, 법적 제약 등 수많은 것이 걸림돌이 될 수 있다. 하지만 이런 제약을 극복하기 위한 노력 자체가 의료 발전의 동력이 될 수 있다. 현재의 한계를 인정하면서도 그 한계를 조금씩 넓혀가는 시도들이 모여 결국 의료 패러다임의 변화로 이어질 것이다.

진료의 경계를 확장한다는 것은 결국 환자의 삶에 대한 책임을 확장하는 것이다. 병원에서의 치료가 끝이 아니라 시작이라는 인식, 퇴원이 이별이 아니라 새로운 관계의 시작이라는 관점, 의료진이 전문가이기 이전에 한 사람의 삶에 개입하는 책임감 있는 존재라는 자각. 이런 인식의 변화가 모일 때 요양병원은 단순한 의료기관을 넘어서 지역사회의 돌봄 허브가 될 수 있을 것이다.

그리고 그런 변화를 통해 우리는 묻게 된다. 의료의 본질은 무엇인가? 환자에게 정말 필요한 것은 무엇인가? 의료진으로서 우리가 할 수 있는 일의 경계는 어디까지인가? 이런 질문들에 대한 답을 찾아가는 과정 자체가 진료의 경계를 확장하는 진정한 의미일 것이다.

진료, 지식에서 태도로

오전 9시, 2병동 회진이 시작된다. 85세 김○○ 님은 어제까지 평소와 다름없이 식사하셨는데 오늘 아침 갑자기 기력이 떨어져 보인다. 혈압과 체온은 정상 범위지만 경험 많은 박 간호사는 뭔가 다르다고 말한다. 이런 미세한 변화를 감지하고 대응하는 것이 요양병원 진료의 핵심이다.

"선생님, 이분 표정이 어제와 달라요. 평소에는 인사를 건네면 미소를 지으셨는데 오늘은 그냥 고개만 끄덕이시네요." 박 간호사의 말을 들으며 나는 다시 한 번 김○○ 님을 자세히 살펴본다. 객관적 지표로는 포착되지 않는 변화의 신호를 읽어내는 것. 이것이 바로 요양병원 진료에서 가장 중요한 능력이다.

요양병원은 급성기 치료를 마친 환자의 회복과 유지, 때로는 생의 마지막을 준비하는 전환의 공간이다. 이곳은 단순히 노인을 위한 요양의 의미를 넘어, 한 사람의 남은 시간을 어떻게 존엄하게 보낼 것인가에 대한 본질적인 질문을 던지는 곳이 되었다. 그리고 바로 이 지점에서 우리는 요양병원이 무엇을 지향해야 하며 어떤 진료 철학을 기반으로 운영되어야 하는지를 다시 묻지 않을 수 없다.

진료에는 기술적 측면과 태도적 측면이 모두 중요하다. 고혈압, 당뇨, 치매, 뇌졸중 후유장애 등으로 입원해 있는 환자들에게 의사는 매일 회진을 돌며 약을 조정하고 수액을 변경하며 검사 결과를 해석한다. 그러나 요양병원에서의 진료는 단순히 수치를 조절하고 처방을 입력하는 것을 넘어서야 한다.

며칠 전 있었던 일이다. 72세 박○○ 님이 평소보다 식사량이 줄었다는 보고를 받았다. 검사 수치상으로는 별다른 이상이 없었지만 담당 간병사 최○○ 씨가 "평소 반찬 투정을 하시던 분이 오늘은 아무 말씀이 없으세요."라고 말했다. 단순한 식욕부진으로 넘길 수도 있었지만 우리는 좀 더 자세히 관찰하기로 했다. 이틀 후, 미열과 함께 소변에서 세균이 검출되었다. 조기에 발견한 요로감염이었다. 만약 수치에만 의존했다면 놓칠 뻔한 변화였다.

"어제까지 잘 지내시던 분이 갑자기 나빠졌어요." 이는 요양병원에서 보호자들이 가장 자주 하는 말 중 하나다. 이 말 속에는 단순한 궁금증을 넘어, 그동안 의료진은 무엇을 보고 있었냐는 묵직한 물음이 담겨 있다. 실제로 요양병원 환자의 상태는 급변할 수 있다. 만성질환자, 고령자, 면역력이 약한 환자에게는 작은 감염이나 탈수도 생명을 위협하는 상황으로 이어질 수 있기 때문이다.

요양병원의 진료는 변화의 징후를 감지하는 감각에서 출발한다. 그 감각은 단순히 의사 개인의 능력으로만 생기지 않는다. 그것은 태도이고 팀워크이며 시스템이다. 매일 반복되는 회진 속에서도 환자의 숨결 하나, 식사량의 변화, 표정의 미세한 달라짐을 놓치지 않는 일. 그리고 그것이 단순한 노쇠의 과정인지, 혹은 치명적 질병의 전조인지 구분해 내는 판단력. 이 모든 과정이 진료의 이름으로 쌓여간다.

지난주에는 이런 일도 있었다. 최○○ 님이 평소보다 말수가 줄었다는 이야기가 제기되었다. 치매가 있으신 분이라 일상적인 변화로 여길 수도 있었다. 하지만 물리치료사 김○○ 씨가 평소에는 재활치료 시간에 옛날이야기를 많이 하셨는데 며칠째 조용하시다고 보고했다. 자세히 살펴보니 의치가 잘 맞지 않아 불편해하고 계시다는 것을 알게 되었고 의치를 조정한 후 다시 평소의 밝은 모습을 되찾으셨다. 작은 불편함이 전체적인 컨디션에 영향을 미친 경우였다.

하지만 현실은 이상과 거리가 있다. 의료법상 요양병원은 의사 1인당 기본 40명을 담당한다. 하지만 당직 의료인 제도와 수가 구조상 이보다 더 많은 환자를 담당하게 되며 60명이 넘기도 한다. 병상이 가득 차 있다면 회진은 했지만 진료에 집중할 여력이 부족하기도 하고 정액수가제의 한계상 잦은 검사를 하지 못할 상황이 되기도 한다. 때로는 환자의 상태가 악화된 후에야 문제를 인식하게 되고 그제야 보호자에게 연락드리지만 이미 신뢰는 흔들려 있다.

어느 날 오후, 응급실에서 전화가 왔다. "선생님, 우리 병원에서 전원하신 환자분이 패혈증으로 중환자실에 입원하셨는데 보호자가 많이 화가 나셨어요." 가슴이 철렁했다. 전원 당시에는 단순한 발열 정도로 판단했었는데 혈액검사 결과를 보니 염증 수치가 심각하게 높아져 있었다. 우리가 놓친 게 있었나 싶어 차트를 다시 들여다봤다. 객관적 지표로는 큰 이상이 없었지만 환자의 전체적인 컨디션을 좀 더 세심하게 관찰했다면 조금 더 일찍 대응할 수 있었을 것이라는 아쉬움이 남았다.

그렇다면 우리는 어떻게 해야 할까? 요양병원의 진료를 포기해야 하는 걸까? 아니다. 오히려 지금이야말로 요양병원 진료의 정체성을 확립할 때이다. 그 출발점은 의미 있는 진료에 대한 재정의다. 단순한 생명 연장이 아니라 환자의 현재 상태를 정확히 파악하고 가능한 범위 내에서 삶의 질을 높일 수 있는 선택을 제안하는 일. 그것이 요양병원의 진료가 추구해야 할 핵심 가치다.

의미 있는 진료는 환자 한 명 한 명과의 관계에서 시작된다. 단순히 병명과 처방으로 환자를 파악하는 것이 아니라 그 사람의 이야기를 듣는 것이다. 이○○ 님은 젊은 시절 교사였다. 지금은 치매 진단을 받으셨지만 여전히 제자들에 대해 이야기할 때면 눈빛이 달라진다. 이런 개인사를 아는 것과 모르는 것 사이에는 진료의 질에서 큰 차이가 난다. 약물 조정을 할 때도, 재활 목표를 설정할 때도 그 사람의 삶의 맥락을 고려할 수 있기 때문이다.

이 과정에서 가장 중요한 것은 전문성과 이타적 감수성을 겸비한 의료진이다. 나이와 상관없이 새로운 것을 배우고자 노력하며 환자에 대한 감각을 놓치지 않으려는 태도. 이 순간에도 병원이라는 낯선 공간 속에서 불안한 눈빛을 보내고 있는 환자와 가족을 바라보며 한 인간으로서 내가 할 수 있는 최선은 무엇일까를 고민하는 사람. 그런 의료인이 바로 요양병원이 필요로 하는 진짜 전문가다.

며칠 전 젊은 전공의 선생님과 회진을 돌 때의 일이다. 중풍으로 입원하신 78세 환자분께 다가가면서 그 선생님이 "어르신, 안녕하세요. 오늘 기분은 어떠세요?"라고 인사를 건넸다. 환자분이 한쪽 팔을 들어 손을 흔들어 보이시자, 그 선생님은 "우와, 어제보다 팔 움직임이 좋아지셨네요!"라고 진심으로 기뻐했다. 그 순간 환자분의 얼굴에 환한 미소가 번졌다. 기술적으로는 아직 배울 것이 많은 선생님이지만 환자를 바라보는 태도만큼은 이미 훌륭한 의사였다.

반대로 경험이 많은 의사라도 태도가 잘못되면 환자에게 상처를 줄 수 있다. "어차피 나을 병도 아닌데 뭘 그리 신경 쓰냐?"는 식의 냉소적 접근은 환자와 가족에게 절망을 안겨준다. 완치가 어렵다고 해서 개선의 여지가 없는 것은 아니다. 작은 변화라도 환자에게는 큰 의미가 될 수 있다. 그런 가능성을 믿고 함께 노력하는 것이 요양병원 의료진의 역할이다.

요양병원의 진료는 단절이 아닌 연속성의 공간이다. 급성기 병원에서의 치료 이후, 회복과 유지, 그리고 때로는 임종까지 이어지는 과정에서 요양병원은 다리와 같은 역할을 수행한다. 이 다리가 견고해야 환자는 비로소 자신의 삶을 존엄하게 마무리할 수 있다. 그리고 그 다리를 지탱하는 힘은 바로 의료진의 철학에서 나온다.

매일 아침 회진을 돌 때마다 나는 스스로에게 묻는다. "오늘 내가 만날 환자에게 진정으로 도움이 되는 의사가 될 수 있을까?" 완벽한 답을 할 수는 없지만 적어도 그런 질문을 놓지 않으려고 한다. 환자 한 분 한 분과의 만남이 단순한 업무가 아니라 소중한 관계임을 기억하려고 한다. 때로는 작은 호전을 함께 기뻐하고, 때로는 어려운 상황을 함께 견뎌내는 동반자가 되려고 한다.

철학이 있는 진료는 차이를 만든다. 똑같은 약을 처방해도, 똑같은 회진을 돌더라도, 그 안에 담긴 태도와 감각이 다르다. 그런 점에서 요양병원은 특별히 철학을 갖춘 진료가 절실한 곳이다. 환자의 얼굴을 제대로 바라보는 의사, 수액보다 손을 먼저 잡아주는 간호사, 보호자의 한숨에 귀를 기울이는 사회복지사. 이들이 함께 만들어가는 공간이 바로 우리가 지향하는 요양병원의 모습이다.

어제 오후, 한 보호자가 말씀하셨다. "선생님, 어머니가 많이 아프시지만 이곳에서만큼은 편안해 보여요. 의료진들이 어머니를 정말 아끼는 게 눈에 보여요." 그 말을 들으며 우리가 추구하는 진료의 방향이 맞다는 확신이 들었다. 기술적 완벽함보다 중요한 것은 환자를 향한 진심이다. 그 진심이 느껴질 때 비로소 진료는 치료를 넘어 치유가 된다.

앞으로 요양병원을 둘러싼 환경은 더 많이 변화할 것이다. 의료 기술은 발전하고 제도는 개선되며 사회적 기대는 높아질 것이다. 하지만 그 모든 변화의 중심에는 여전히 사람이 있어야 한다. 환자라는 이름의 사람, 의료진이라는 이름의 사람, 그리고 그 관계에서 피어나는 진료 철학이 있어야 한다.

진료는 의무이기 이전에 철학이다. 그리고 그 철학은 오늘도 환자의 곁을 지키는 의료진의 발걸음 속에 담겨 있다. 매일의 회진이 단순한 루틴이 아니라 한 사람의 삶과 만나는 귀한 순간이 되기를, 모든 처방이 과학적 근거뿐만 아니라 따뜻한 마음에서 나오기를, 그리고 우리가 만들어가는 요양병원이 환자와 가족에게 진정한 쉼터가 되기를 바란다.

진료, 오해가 아닌 이해를 위해

요양병원에서 가장 자주 듣는 보호자의 말이 있다. "그동안 도대체 뭘 하고 있었던 거죠?" 평소에는 잘 지내던 부모님이 갑자기 악화되었을 때, 아무런 예고 없이 응급 상황으로 전환되었을 때 나오는 절박한 물음이다. 이 질문 속에는 단순한 궁금증을 넘어서 의료진에 대한 불신과 원망이 담겨 있다. 하지만 이런 오해는 충분한 소통과 설명으로 예방할 수 있다. 오해가 아닌 이해를 바탕으로 한 진료, 그것이 요양병원이 추구해야 할 방향이다.

요양병원 환자는 본질적으로 높은 위험성을 안고 있다. 만성기 환자는 고혈압, 당뇨, 심부전, 치매, 암 등 다양한 기저 질환을 동반하고 있어 새로운 증상이 발생할 가능성이 상존한다. 처음엔 미미해 보이던 것이 폐렴, 요로감염, 패혈증, 심부전 등으로 악화되기도 한다. 이들은 모두 국내 사망 원인 상위권을 차지하는 질병들이다. 그러나 많은 보호자가 이런 위험성을 충분히 인식하지 못한 채 입원 생활을 시작한다.

문제는 이런 상황이 발생했을 때의 대응이다. 의료진이 "갑자기 나빠지셨습니다"라고 설명하면 보호자는 "갑자기라니요? 그럼, 지금까지는 괜찮았다는 뜻인가요?"라고 반문한다. 여기서 오해가 시작된다. 의료진에게 '갑자기'는 '예측할 수 있는 범위 내에서 빠르게 진행된'이라는 의미지만 보호자에게는 '예상치 못한 돌발 상황'으로 들린다.

이런 오해를 줄이기 위해서는 입원 초기부터의 충분한 설명이 필요하다. 환자의 기저 질환이 어떤 위험을 내포하고 있는지, 어떤 증상이 나타날 수 있는지, 그런 상황에서 병원은 어떻게 대응할 것인지를 미리 안내해야 한다. "현재는 안정적이지만 ○○님의 상태에서는 언제든 ○○한 증상이 나타날 수 있습니다. 그런 경우 저희는 이렇게 대응할 예정입니다."라는 식의 사전 설명이 중요하다.

또한 정기적인 소통도 필수적이다. 회진 결과를 단순히 "별

이상 없습니다."로 요약하는 것이 아니라 "혈압이 안정적이고, 식사도 잘 들고 계십니다. 다만 ○○ 부분을 계속 지켜보고 있습니다."처럼 구체적으로 설명해야 한다. 보호자가 의료진의 관찰과 판단 과정을 이해할 수 있도록 돕는 것이다.

실제로 이런 소통이 잘 이루어진 경우와 그렇지 않은 경우의 차이는 크다. 한 사례를 보자. 같은 시기에 유사한 증상으로 악화한 두 환자가 있었다. A 환자의 경우, 평소 보호자에게 당뇨 합병증으로 인한 신장 기능 저하가 있어서 부종이 생길 수 있다고 미리 설명해 둔 상태였다. 실제로 부종이 발생했을 때 보호자는 "예상하셨던 그 증상인가요?"라고 물었고, 신속한 치료가 이루어졌다. 반면 B 환자의 경우, 사전 설명 없이 갑자기 부종이 발생하자 보호자는 "왜 이런 일이 생겼나요? 관리를 제대로 안 한 거 아닌가요?"라고 항의했다.

이런 차이는 단순히 설명의 여부에서 비롯되는 것이 아니다. 그 배경에는 의료진의 태도와 병원의 시스템이 있다. 환자 상태에 대한 지속적인 관찰, 변화 징후에 대한 민감한 대응, 그리고 이 모든 과정을 보호자와 공유하려는 의지가 필요하다.

요양병원에서 발생하는 의료 분쟁의 대부분은 실제 의료과실보다는 소통 부족에서 비롯된다. "왜 미리 말해주지 않았나

요?", "설명을 들었다면 다른 선택을 했을 텐데요." 이런 말이 자주 등장하게 되는 이유는 의료진의 기술적 역량 부족이 아니라 소통과 설명에 대한 인식 부족에서 오는 문제다.

따라서 병원도 이런 상황에 대한 소통 체계를 구축해야 한다. 보호자 상담 시간을 정기적으로 마련하고 환자 상태에 대한 설명 자료를 준비하며 의료진 교육에서도 소통 기법을 포함해야 한다. 또한 응급 상황 발생 시의 연락 체계와 설명 프로토콜도 미리 정해둘 필요가 있다.

무엇보다 중요한 것은 의료진의 마음가짐이다. 보호자의 질문이나 불안을 귀찮은 것으로 여기지 않고, 당연한 권리이자 필요한 과정으로 받아들이는 태도가 필요하다. 이해받고 싶은 것은 인간의 기본적 욕구다. 특히 사랑하는 가족의 건강이 걸린 문제에서는 더욱 그렇다.

결국 오해가 아닌 이해를 위한 진료는 단순한 친절 서비스가 아니다. 그것은 환자의 안전과 직결되는 의료의 핵심 요소다. 보호자가 상황을 정확히 이해할 때 적절한 협조가 가능하고 필요한 결정을 함께 내릴 수 있다. 그리고 그런 과정을 통해 형성된 신뢰는 환자의 회복에도 긍정적인 영향을 미친다.

요양병원이 단지 끝자락의 병원이 아닌, 삶의 마지막 여정을 함께하는 의료 파트너로 자리매김하려면 바로 이 지점에서 다시 출발해야 한다. 환자의 삶을 존중하고 보호자의 마음을 헤아리며 충분한 소통으로 이해를 구하는 진료 태도. 그것이 오늘날 요양병원에 필요한 가장 기본적인 자세이다.

포지션, 더 나은 미래를 위해서

요양병원의 성공적인 운영은 명확한 역할 분담과 유기적 협업에 달려 있다. 의사 혼자서 모든 것을 감당할 수 없고 간호사만으로는 병동 전체를 관리하기 어렵다. 각 의료진이 자신의 전문 영역에서 최선을 다하면서, 전체 목표를 향해 함께 움직일 때 비로소 환자 중심의 진료가 가능해진다. 이를 위해서는 요양병원에 맞는 역할 체계를 정립하고 그에 맞는 팀워크를 구축해야 한다.

축구에서 포지션이 중요한 이유는 무엇일까? 11명이 모두 공격만 하면 골은 많이 넣을지 몰라도 실점도 많아진다. 반대로 모두 수비만 하면 안전하지만 득점 기회를 잡기 어렵다. 각자의 역할이 명확하고 그 역할이 유기적으로 연결될 때 비로소 완성도 높은 경기가 만들어진다. 요양병원 진료도 마찬가지다. 각 의료진이 자신의 포지션을 정확히 알고 다른 포지션과의 협력을 통해 전체적인 목표를 달성해야 한다.

그동안 요양병원의 진료는 수비적 접근에 머물러 있었다. 환자를 위험에서 보호하고 급격한 악화를 막으며 현상을 유지하는 것이 주요 목표였다. 감염, 낙상, 욕창 등을 예방하고 최소한의 처방으로 안전하게 시간을 보내는 데 중점을 두었다. 이를 위해 병원은 인력 기준을 맞추고 평가에서 감점을 피하기 위한 대응을 반복해 왔다. 그러나 이러한 현상 유지 중심의 진료만으로는 변화하는 시대의 요구를 감당하기 어렵다.

오늘날 요양병원은 의료 기능 강화를 요구받고 있다. 단순한 돌봄을 넘어 회복과 치료, 더 나아가 전환기 의료의 핵심으로 자리 잡아야 하는 시대다. 그러기 위해선 이제 요양병원도 진료의 역할 체계를 새롭게 정립해야 한다. 단순히 인력을 채우는 것이 아닌, 각 의료진이 어디서 어떤 역할을 하고 있는지, 그것이 어떻게 유기적으로 연결되는지를 명확히 해야 한다.

요양병원의 진료 영역을 체계적으로 분석해 보면 크게 네 가지 포지션으로 구분할 수 있다. 이는 단순한 조직도상의 분류가 아니라 각 영역이 추구하는 철학과 접근 방식의 차이를 반영한 기능적 분류다.

첫째는 적극 치료 영역이다. 이 영역은 요양병원이 단순한 머무는 곳이 아닌 회복하는 곳임을 보여주는 핵심 포지션이다. 통증클리닉, 한방진료, 집중 재활치료 등을 통해 환자의 삶의 질을 직접적으로 향상하는 것이 목표다. 이 영역의 철학은 '가능성에 대한 믿음'이다. 비록 완치가 어려운 상황이라 할지라도 현재보다 나은 상태로 개선될 수 있다는 희망을 품고 적극적으로 개입하는 것이다.

둘째는 일반 진료 영역이다. 병동 회진과 처방, 환자의 상태 변화에 대한 즉각적 대응을 담당하는 요양병원 진료의 기본 축이다. 만성질환 관리, 약물 조정, 감염 예방 등 일상적이지만 필수적인 의료 활동이 이루어지는 영역이다. 이 영역의 철학은 '지속 가능한 돌봄'이다. 화려한 치료가 아니더라도 꾸준하고 안정적인 의료 서비스를 제공함으로써 환자의 기본적인 건강을 유지하는 것이다.

셋째는 질 관리 영역이다. 평가 대응, 감염관리, 안전 기준 준수 등을 통해 병원의 안전망을 구축하는 역할을 한다. 이 영역이 제대로 작동해야 다른 모든 진료 활동이 안정적인 기반 위에서 이루어질 수 있다. 이 영역의 철학은 '신뢰할 수 있는

의료'다. 환자와 가족이 안심하고 치료받을 수 있는 환경을 조성하고 사회적으로도 인정받는 의료기관으로서의 기준을 유지하는 것이다.

넷째는 전환기 돌봄 영역이다. 호스피스 완화의료, 퇴원 계획, 지역사회 연계 등 환자의 삶의 전환점을 지원하는 특화된 분야다. 이 영역은 요양병원의 미래 방향성을 제시하고 새로운 가능성을 여는 데 핵심이 된다. 이 영역의 철학은 '여정의 동행'이다. 환자의 삶이 병원에서 끝나는 것이 아니라 다음 단계로 이어질 수 있도록 돕는 것이다.

이러한 역할 구분의 핵심은 위계적 서열이 아닌 수평적 협력에 있다. 어떤 영역이 더 중요하거나 우선시되어야 한다는 것이 아니라 각 영역이 고유한 가치를 가지며 상호 보완적으로 작동해야 한다는 것이다. 예를 들어, 같은 내과 의사라고 하더라도 어떤 병원에서는 감염관리와 기준 대응에 초점을 두는 곳이 있고, 다른 병원에서는 한방 협진이나 재활치료와 연계된 적극 진료에 초점을 둘 수 있다. 중요한 것은 누가 어떤 역할을 맡고 있으며 이를 조직 전체가 인식하고 있는가 하는 점이다.

실제로 진료 현장은 이런 각각의 역할이 유기적으로 연결되며 작동한다. 회진 중 환자의 상태 변화를 감지한 일반 진료

팀이 정밀 진단을 요청하고 질 관리팀이 감염 여부를 점검하며 적극 치료팀이 회복을 위한 중재를 시행하는 흐름이 자연스럽게 이어져야 하기 때문이다. 필요에 따라서는 전환기 돌봄 팀이 개입하여 치료 목표를 재설정하거나 퇴원 계획을 수립할 수도 있어야 한다.

이런 체계적 접근의 장점은 의료진 개개인의 역할 명확성과 전체적 효율성을 동시에 확보할 수 있다는 점이다. 각자가 자신의 전문성을 발휘할 수 있는 영역에서 집중할 때 개인의 만족도도 높아지고 환자에게 제공되는 서비스의 질도 향상된다. 또한 한 영역에서 문제가 발생했을 때 다른 영역에서 이를 보완할 수 있는 안전장치 역할도 한다.

하지만 이런 시스템이 성공적으로 작동하기 위해서는 몇 가지 전제 조건이 필요하다. 첫째, 영역 간의 소통과 정보 공유가 원활해야 한다. 각 팀이 독립적으로 움직이되 전체적인 방향성을 놓치지 않아야 한다. 둘째, 유연한 역할 조정이 가능해야 한다. 환자의 상태나 병원의 상황에 따라 역할 분담을 탄력적으로 운영할 수 있어야 한다. 셋째, 지속적인 교육과 역량 개발이 뒷받침되어야 한다. 각 영역의 전문성을 유지하면서도 다른 영역에 대한 이해도 높여야 한다.

이제 요양병원은 성과를 내는 병원을 지향해야 한다. 여기서 말하는 성과는 단순히 병상 가동률이나 수익만을 의미하지 않는다. 환자의 회복과 존엄을 지키면서도 병원의 지속가능성을 확보하고 의료진의 전문성과 만족도를 높이며 지역사회의 신뢰를 얻는 종합적인 성과를 의미한다. 그 과정에서 의료진 개개인이 자신의 위치를 인식하고 맡은 바 역할을 책임 있게 수행하는 팀워크가 중요하다.

포지션의 개념은 단순한 업무 분장을 넘어선다. 그것은 각자가 추구하는 가치와 철학, 그리고 전체 목표에 대한 기여 방식을 의미한다. 요양병원에서 일하는 모든 의료진이 자신의 포지션을 이해하고 그 위치에서 최선을 다할 때, 비로소 환자는 진정한 의미의 치료와 돌봄을 받을 수 있다.

이를 위해선 병원 내부의 교육과 소통이 필수적이다. 모든 의료진이 자신이 어떤 영역에 속해 있는지, 자신의 활동이 팀 전체에 어떤 영향을 미치는지를 이해해야 한다. 특히 병원 관리자나 중간 리더들의 역할이 중요하다. 영역 간의 균형이 무너지지 않도록 조율하고 필요한 자원을 배분하며 상황에 맞춰 그에 합당한 새로운 역할을 부여할 수 있어야 한다.

무엇보다 중요한 것은 환자 중심이라는 공통의 가치다. 아무리 체계적인 역할 분담이 이루어져도 그 중심에 환자가 없다면 의미가 없다. 각 포지션은 환자의 회복과 존엄을 위해 존재하며 모든 협력과 소통은 환자에게 더 나은 진료를 제공하기 위한 수단이어야 한다.

요양병원의 진료 체계는 여전히 발전하고 있다. 새로운 의료 기술의 도입, 제도의 변화, 사회적 기대의 변화에 따라 각 포지션의 역할도 조정되고 발전해야 한다. 하지만 그 변화의 중심에는 언제나 체계적 협력을 통한 환자 중심 진료라는 핵심 가치가 있어야 한다.

결국 진료에서의 포지션이란 단순한 업무 배정이 아니라 요양병원이 추구하는 철학을 실현하는 구체적 방법이다. 각자의 자리에서 최선을 다하되, 전체를 보는 시야를 잃지 않는 것. 전문성을 추구하되, 협력의 가치를 소중히 여기는 것. 이런 균형 잡힌 접근을 통해 요양병원은 비로소 환자와 가족에게 신뢰받는 의료기관이 될 수 있을 것이다.

연속성, 의료가 의료될 수 있도록

환자에게 입원과 퇴원은 단순한 장소의 이동이 아니다. 그것은 삶의 패턴이 바뀌고 돌봄의 주체가 교체되며 의료적 책임이 이양되는 복합적 전환이다. 그런데 현재 우리 의료 체계에서 이런 전환은 대부분 단절적으로 이루어진다. 급성기 병원에서 요양병원으로, 요양병원에서 집으로 옮겨갈 때마다 환자는 새로운 의료진을 만나고 매번 같은 설명을 반복해야 한다. 의료 정보는 파편화되고 돌봄의 연속성은 환자 개인의 기억에만 의존한다. 이런 속에서 진정한 의미의 회복이 가능할까?

이 문제는 단순히 시스템의 비효율성을 넘어선다. 그것은 의료가 추구해야 할 가치에 대한 근본적 질문을 던진다. 의료의 목적이 질병 치료에 국한되는가, 아니면 환자의 삶 전체를 지원하는 것인가? 의료진의 책임이 병원 안에서만 유효한가, 아니면 환자의 삶이 이어지는 곳까지 확장되어야 하는가? 특히 만성질환과 고령화가 확산하는 현실에서 이런 질문들은 더 이상 철학적 사변이 아닌 현실적 과제가 되었다.

현재 의료 정책의 패러다임은 여전히 급성기 중심이다. 아프면 병원에 가서 치료받고 나오면 집으로 돌아가는 선형적 구조를 전제한다. 하지만 요양병원 환자들의 현실은 이런 단순한 도식으로는 해결할 수 없다. 이들 대부분에게 완치라는 목표는 불가능하다. 그보다는 지속적인 관리와 점진적 회복이 필요하다. 그래서 병원과 가정을 오가며 상태에 따라 돌봄의 강도를 조절해야 하는 경우가 많다. 이런 환자에게는 선형적이며 분절적인 의료가 아니라 연속적 돌봄이 필요하다.

연속적 돌봄이란 단순히 의료 서비스를 끊이지 않고 제공하는 것이 아니다. 그것은 환자의 삶의 맥락을 이해하고 그 맥락 안에서 의료적 개입의 의미를 찾아가는 과정이다. 병원에서의 치료가 일상으로 어떻게 연결될지, 가정에서의 돌봄이 의료적 목표와 어떻게 조화를 이룰지를 함께 고민하는 것이다. 이를 위해서는 의료진이 환자의 사회적 환경, 가족 구조, 경제적 여건, 개인적 가치관까지 종합적으로 고려할 수 있어야 한다.

요양병원은 이런 연속적 돌봄을 구현할 수 있는 독특한 위치에 있다. 급성기 병원과 지역사회 사이에서, 치료와 일상 사이에서 교량 역할을 할 수 있다. 의학적 전문성을 유지하면서도 생활적 돌봄을 제공할 수 있는 공간이다. 이를 위해서 요양병원의 역할에 대한 새로운 정의가 필요하다. 단순히 급성기 이후 머무는 곳이 아니라 삶의 전환을 지원하는 허브로서의 정체성을 확립해야 한다.

이를 위해서는 정책적 뒷받침이 필수적이다. 현재의 행위별 수가제는 개별 의료행위에만 보상하기 때문에 퇴원 후 관리나 지역사회 연계 활동에 대한 인센티브가 부족하다. 돌봄의 연속성을 평가하고 보상하는 새로운 지불제도가 필요하다. 또한 기관 간 정보 공유를 위한 표준화된 시스템, 의료와 복지를 연결하는 통합적 접근, 지역 단위의 돌봄 네트워크 구축 등이 함께 이루어져야 한다.

의료진의 역할 변화도 중요하다. 전통적인 치료자 역할에서 돌봄 조정자 역할로 확장해야 한다. 개별 질병을 보는 것을 넘어 환자의 삶 전체를 조망하는 능력, 지역사회 자원을 파악하고 연결하는 역량, 다양한 전문가와 협업하는 기술 등이 새롭

게 요구된다. 이는 의료진 개인의 노력만으로는 한계가 있다. 의료 교육 과정에서부터 이런 관점이 포함되어야 하고 병원 조직도 이를 지원할 수 있는 구조로 변화해야 한다.

기술적 측면에서도 혁신이 필요하다. 전자의무기록이 병원 경계를 넘어 지역 의료기관, 복지기관과 연결되어야 한다. 원격 모니터링 기술로 퇴원 후에도 환자 상태를 지속적으로 관찰할 수 있어야 한다. 인공지능을 활용한 예측 시스템으로 위험 상황을 사전에 감지하고 대응할 수 있어야 한다. 하지만 기술은 수단일 뿐이다. 더 중요한 것은 연속적 돌봄에 대한 철학적 합의와 이를 실현하려는 의지다.

연속적 돌봄의 궁극적 목표는 환자가 자신의 삶을 주도적으로 살아갈 수 있도록 돕는 것이다. 병원이라는 보호막을 벗어나도 안전하고 존엄하게 일상을 영위할 수 있도록 지원하는 것이다. 이를 위해서 무엇보다 환자를 치료 대상에서 삶의 주체로 인식하는 관점 전환이 필요하다. 의료진은 환자의 선택을 존중하고 그 선택이 현실에서 구현될 수 있도록 돕는 조력자가 되어야 한다.

이런 변화는 하루아침에 이루어지지 않는다. 기존 시스템의 관성, 제도적 제약, 인력과 자원의 한계 등 수많은 걸림돌이 있다. 하지만 현재의 한계를 인정하면서도 그 한계를 조금씩 넓혀가려는 시도들이 모여 결국 의료 패러다임의 변화를 이끌어 낼 것이다. 요양병원은 그 변화의 최전선이다. 연속적 돌봄이라는 새로운 패러다임을 구현해 보는 실험장이 될 수 있다.

돌봄의 연속성이란 결국 환자의 삶에 대한 책임을 확장하는 것이다. 병원에서의 치료가 끝이 아니라 시작이라는 인식, 퇴원이 이별이 아니라 새로운 관계의 시작이라는 관점, 의료진이 전문가이기 이전에 한 사람의 삶에 개입하는 책임감 있는 존재라는 자각. 이런 인식의 변화가 모일 때 우리는 비로소 진정한 의미의 치유와 회복을 이야기할 수 있을 것이다.

환자, 존중받아야 하는 개별성

회진을 돌다 보면 가끔 이런 생각이 든다. "똑같은 처방전을 들고 있지만 모두가 완전히 다른 사람이구나." 같은 당뇨병이라도 어떤 환자는 "30년째 당뇨 관리하고 있어요. 어떤 음식 먹으면 혈당 오르는지 다 압니다."라고 말하는 경험자이고 다른 환자는 "6개월 전에 갑자기 진단받았는데 뭘 어떻게 해야 할지 모르겠어요."라고 토로하는 초심자일 수 있다. 같은 치매 진단이라도 가족의 지지가 든든한 분이 있는가 하면, 혼자 감당해야 하는 분도 있다. 의학 교과서에는 당뇨병 환자, 치매 환자라고 분류되지만 실제 진료실에서 마주하는 것은 각자의 이야기를 가진 고유한 사람이다.

요양병원 진료의 어려움은 바로 여기에 있다. 표준화된 가이드라인은 분명 필요하다. 안전하고 효과적인 치료를 위한 기본 틀이기 때문이다. 하지만 그 틀을 어떻게 적용할 것인가는 전혀 다른 문제다. 프로토콜대로 하면 안전하지만 환자에게 맞지 않을 수 있다. 환자에게 맞추면 효과적이지만 기준에서 벗어날 수 있다. 이 사이에서 의료진은 끊임없이 고민하고 선택해야 한다. 그리고 그 선택의 기준이 되는 것이 바로 환자 개개인의 고유성에 대한 이해다.

낙상 예방을 예로 들어보자. 낙상 위험 평가에서 고위험군으로 분류된 환자에게는 표준적으로 침대 난간 설치, 억제대 사용, 보호자 상주 등의 조치를 권한다. 하지만 실제로는 어떨까? 평생 자유롭게 살아온 어르신에게 갑자기 침대에 묶여 있으라고 하는 것이 과연 치료일까? 안전을 위한 조치가 오히려 환자의 존엄을 해치는 결과를 낳을 수도 있다. 그렇다고 안전을 무시할 수는 없다. 중요한 것은 환자 개개인의 상황을 고려한 맞춤형 접근이다. 어떤 환자에게는 억제대보다 자주 들여다보는 것이 더 효과적일 수 있고, 어떤 환자에게는 가족과의 충분한 상의를 통한 자발적 협조가 더 나은 방법일 수 있다.

약물 처방에서도 마찬가지다. 고혈압 치료제 처방 시 혈압 수치만 보고 결정하는 것이 아니라 환자의 전체적인 상황을 고려해야 한다. 신장 기능은 어떤지, 다른 약물과의 상호작용은 없는지, 환자가 약 복용을 제대로 할 수 있는지까지 살펴야 한다. 특히 아무리 좋은 약이라도 제때 복용하지 못하면 소용이 없기에 인지 기능이 저하된 환자의 경우는 약물 자체보다 복용 방법을 단순화하는 것이 더 중요할 수 있다. 하루 세 번 복용하는 약을 하루 한 번으로 바꾸거나 복잡한 복약 지도 대신 간단한 그림으로 설명하는 것이 실제로는 더 효과적이다.

환자의 가치관과 선호도를 존중하는 것도 개별성의 중요한 부분이다. 어떤 환자는 조금 아파도 괜찮으니 집에 있고 싶다고 하고, 어떤 환자는 안전하게 병원에서 치료받고 싶다고 한다. 의학적으로는 같은 상태일지라도 환자의 선택은 다를 수 있다. 의료진의 역할은 어떤 선택이 맞다고 강요하는 것이 아니라 각 선택지의 장단점을 충분히 설명하고 환자가 자신에게 맞는 결정을 내릴 수 있도록 돕는 것이다. "의학적으로는 입원 치료가 좋겠지만 댁에서 치료하신다면 이런 점을 주의하셔야 합니다."라는 식의 열린 접근이 필요하다.

때로는 환자의 배경을 이해하는 것이 치료만큼 중요하다. 평생 농사를 지으며 살아온 어르신에게 "침대에서 안정을 취하세요."라고 하는 것과, 사무직으로 일해온 분에게 같은 말을 하는 것은 전혀 다른 의미다. 몸을 쓰는 일에 익숙한 분에게는 적절한 활동이 오히려 도움이 될 수 있고, 앉아서 일하는 데 익숙한 분에게는 안정이 더 필요할 수 있다. 환자의 직업력, 생활 패턴, 개인적 성향까지 모두 치료 계획에 반영되어야 하는 중요한 요소들이다.

가족 상황도 진료에 큰 영향을 미친다. 자녀의 지지가 든든한 환자와 혼자 감당해야 하는 환자에게는 전혀 다른 접근이 필요하다. 퇴원 계획을 세울 때도, 재활 목표를 정할 때도, 심지어 일상적인 투약 교육을 할 때도 가족 상황을 고려해야 한다. 같은 설명이라도 누가 듣고 있는지에 따라 내용과 방식이 달라져야 한다. 자녀가 여러 명인 경우에는 주 돌봄자가 누구인지, 의사결정은 어떻게 이루어지는지까지 파악해야 혼란을 줄일 수 있다.

이런 개별성을 인식하고 존중하기 위해서는 의료진의 세심한 관찰과 지속적인 소통이 필요하다. 현실적으로 짧은 회진 시간만으로는 환자의 개별적 특성을 파악하기 어렵다. 간호사의 일상 관찰, 사회복지사의 가족 상담, 재활치료사의 기능 평가 등을 종합해야 비로소 한 사람의 전체적인 모습을 볼 수 있다. 전남제일요양병원에서는 이를 위해 정기적인 다학제 팀 회의를 통해 각 전문가의 관찰과 평가를 공유하고 환자별 맞춤 치료 계획을 수립하려 노력하고 있다.

그리고 무엇보다 중요한 것은 환자를 질병을 가진 사람이 아니라 이야기를 가진 사람으로 보는 시각이다. 당뇨병 환자가 아니라 당뇨병을 앓고 있는 김○○ 님으로, 치매 환자가 아니라 치매 진단을 받은 박○○ 님으로 접근할 때 비로소 개별성이 드러난다. 그리고 그런 접근을 통해서만 진정으로 환자에게 도움이 되는 진료가 가능해진다.

"정거장으로서의 요양병원"이라는 철학도 결국 이런 개별성 인정에서 출발한다. 각자 다른 출발점에서 와서 각자 다른 목적지로 향하는 여행자들을 위한 정거장이 되려면 먼저 그들 한 사람 한 사람의 서로 다른 이야기를 들을 수 있어야 한다.

개별성을 존중하는 진료는 더 많은 시간과 노력을 요구한다. 하지만 그 결과는 분명히 다르다. 환자는 자신이 존중받고 있음을 느낄 수 있고 치료에 더 적극적으로 참여하게 된다. 의료진도 단순히 프로토콜을 따르는 것을 넘어 진정으로 환자를 돕고 있다는 보람으로 일할 수 있다. 이것이 바로 요양병원이 추구해야 할 진료의 모습이 아닐까?

결국 개별성을 존중한다는 것은 환자 한 사람 한 사람을 소중히 여기는 마음이다. 이 마음이 있을 때 비로소 표준화된 의료와 개별화된 돌봄 사이에서 가장 적절한 균형을 찾을 수 있고 의사와 환자 모두에게 진정으로 도움이 되는 진료가 이루어질 수 있다.

존엄, 마지막을 위한 의료

죽음에 대한 사회적 담론이 근본적으로 변화하고 있다. 과거에는 생명 연장이 절대적 가치였다면, 이제는 삶의 질과 존엄성이 더 중요하게 인식되고 있다. 연명의료결정법 시행이나 호스피스 완화의료 제도화 등은 이런 변화를 반영한 결과라고 할 수 있다. 하지만 법적 제도가 마련되었다고 해서 현실이 바로 변하는 것은 아니다. 의료 현장에서의 인식 전환, 사회 전체의 문화적 변화가 함께 이루어져야 한다. 특히 생의 마지막 순간에 환자의 개별적 바람을 존중하고 실현하려는 노력은 이런 변화의 핵심에 있다.

전통적인 의료 패러다임에서 죽음은 패배였다. 모든 의학적 노력은 죽음을 지연시키는 데 집중되었고 치료의 한계에 도달하면 "더 이상 할 수 있는 것이 없다."는 말로 의료적 관계는 종료되었다. 하지만 이런 접근은 환자와 가족에게 절망과 고립감만을 남겼다. 죽음을 의료의 실패로 인식하는 문화 속에서 지금까지 말기 환자는 자신의 마지막 시간을 의미 있게 보낼 기회를 박탈당했다.

호스피스 완화의료는 이런 패러다임에 근본적 변화를 제시한다. 죽음을 치료의 실패가 아닌 삶의 자연스러운 과정으로 받아들이고 남은 시간의 질을 최대화하는 데 집중한다. 이는 단순한 치료 방법의 변화가 아니라 의료가 추구해야 할 가치에 대한 철학적 전환을 의미한다. 생명의 양적 연장에서 질적 풍요로, 의료진 중심의 결정에서 환자 중심의 선택으로, 치료의 공간에서 삶의 공간으로의 이동이다.

이런 철학적 전환의 구체적 표현이 바로 환자의 마지막 소원을 존중하고 실현하려는 노력이다. 병원이라는 제한된 공간에서도 환자 개인의 바람을 들어주려는 시도는 단순한 서비스 개선을 넘어선다. 그것은 환자를 의료의 객체가 아닌 존엄한 주체로 인정하는 실천이며 죽음 앞에서도 인간다운 삶이 가능하다는 믿음의 표현이다. 가족과의 마지막 사진, 고향집 방문, 좋아하던 음식 한 끼와 같은 소박한 바람들이지만 그 안에는 내가 살아 있었음을 확인받고 싶은 간절함이 담겨 있다.

이런 소원 성취의 의미는 환자 개인을 넘어선다. 가족에게는 사랑하는 이와의 마지막 시간을 의미 있게 보낼 기회가 되고 의료진에게는 치료를 넘어선 돌봄의 본질을 재확인하는 계기가 된다. 한 환자의 마지막 외출이 병동 전체에 감동을 주고 그 감동이 다시 의료 문화를 변화시키는 선순환이 만들어진다. 이는 호스피스 완화의료가 추구하는 전인적 돌봄의 구체적 실현이기도 하다.

하지만 이런 접근이 체계적으로 확산하기 위해서는 여러 정책적 과제가 앞서 해결되어야 한다. 우선 지역별 접근성 격차부터 해결해야 한다. 2023년 기준 호스피스 이용률은 말기 암 환자의 약 30%에 불과하며 수도권과 비수도권, 도시와 농촌 간의 격차또한 크다. 환자의 마지막 바람을 존중한다는 것은 그 바람을 실현할 수 있는 물리적, 제도적 기반이 있어야 가능하다. 지역의 의료 인프라가 부족하면 아무리 좋은 철학도 공허한 구호에 그칠 수 있다.

요양병원은 이런 인프라 확산에 중요한 역할을 감당할 수 있다. 별도의 호스피스 전문병원을 건립하기 어려운 지역에서도 기존 요양병원에 완화 의료적 접근을 도입함으로써 서비스 접근성을 높일 수 있다. 물론 이를 위해서는 요양병원 의료진에 대한 체계적인 완화의료 교육이 필요하다. 그리고 단순히 의학적 기술만이 아닌 환자의 바람을 듣고 실현하려는 태도, 가족과 소통하는 기법, 지역 자원을 연계하는 능력 등을 기르는 교육이 요구된다.

정책적으로는 호스피스 완화의료에 대한 사회적 인식 개선이 시급하다. 여전히 많은 사람이 호스피스를 죽음을 준비하는 곳으로 인식하고 있다. 소원 성취라는 개념 자체도 일부에서는 마지막 위로나 죽음 앞의 연민으로 오해받기도 한다. 하지만 환자의 바람을 존중하는 것은 연민이 아닌 존중이며 위로가 아닌 권리 보장이다. 이러한 인식의 전환을 위해서는 지속적인 교육과 홍보, 성공적인 사례 확산이 필요하다.

환자의 자기 결정권 존중이라는 철학적 기반도 더욱 공고히 해야 한다. 의료진 중심의 의사결정에서 환자 중심의 의사결정으로 전환하는 것은 단순한 절차의 문제가 아니다. 환자가 자신의 마지막 바람을 자유롭게 표현할 수 있는 분위기, 그 바람이 비현실적이지 않다면 최대한 실현해 주려는 시스템, 가족과 의료진이 함께 고민하고 지지하는 문화가 필요하다. 이는 의료 문화 전체의 변화를 요구한다.

실제로 소원 성취 프로그램의 운영에는 의료진의 헌신과 함께 지역사회의 협력이 필수적이다. 환자의 외출을 위한 차량 지원, 촬영이나 식사를 위한 외부 기관과의 협력, 안전한 이동을 위한 의료진과 자원봉사자의 동행 등이 체계적으로 이루어져야 한다. 이는 개별 병원의 노력만으로는 한계가 있다. 지역 단위의 네트워크 구축, 관련 기관 간의 협약, 재정적 지원 체계 등이 뒷받침되어야 한다.

기술적 혁신도 환자의 바람 실현에 기여할 수 있다. 이동이 어려운 환자를 위한 가상현실 기술, 원거리 가족과의 화상 연결, 추억의 장소를 재현하는 영상 기술 등이 새로운 가능성을 열어준다. 하지만 기술은 수단일 뿐이다. 더 중요한 것은 환자의 바람을 진심으로 들으려는 마음과 그 바람을 현실로 만들어주려는 의지다.

재정적 지원 체계의 개선도 필요하다. 현재 호스피스 수가 체계에서는 이런 개별적 프로그램에 대한 별도 보상이 불가능하다. 이처럼 의료진의 헌신에만 의존하는 구조로는 그 어떤 의료도 지속 가능하지 않다. 환자 중심의 완화의료 프로그램에 대한 적절한 평가와 보상 체계가 마련되어야 한다.

궁극적으로 환자의 마지막 소원을 존중한다는 것은 죽음에 대한 사회적 성찰을 요구한다. 죽음을 숨겨야 할 실패가 아니라 삶의 자연스러운 완성으로 받아들이는 문화적 전환이 필요하다. 환자의 바람을 듣고 실현하려는 노력이 특별한 일이 아니라 당연한 의료의 일부로 인식되는 사회를 만들어가야 한다. 이런 변화가 이루어질 때, 요양병원은 단순한 치료 기관을 넘어서 삶과 죽음의 의미를 함께 탐구하는 인간적 공간이 될 수 있을 것이다.

요양병원, 종착역이 아닌 정거장으로

　요양병원은 "정거장"이다. 환자에게는 기존 삶의 자리로 돌아가기 위한 정거장이고 삶의 마지막 여정을 정리하는 정거장이다. 가족에게는 사랑하는 이와의 관계를 새롭게 정의하는 정거장이다. 변화와 이별, 마지막과 시작이 교차하는 이 공간에서 하나의 관계는 마무리되지만 다른 형태의 관계가 시작된다. 모든 것의 끝이 아닌 새로운 기억으로 이어지는 여정의 출발점. 그것이 요양병원이 지향해야 할 진정한 정체성이다.
　많은 사람이 요양병원을 종착역으로 생각한다. 더 이상 갈 곳이 없는 마지막 정류장으로. 하지만 정거장과 종착역은 근본적으로 다르다. 종착역은 모든 것이 끝나는 곳이지만 정거장은 다음 여행을 준비하는 곳이다. 짐을 정리하고 마음을 다잡고 새로운 목적지를 향해 출발하는 곳이다. 요양병원이 정거장이라는 것은 바로 이런 의미다.

환자에게 요양병원 정거장은 자신의 삶을 돌아보고 정리할 수 있는 시간을 제공한다. 급작스러운 병원 생활에서 벗어나 천천히 자신의 이야기를 되짚어볼 수 있는 여유, 가족과 함께 추억을 나누고 하고 싶었던 말들을 전할 기회, 그리고 자신이 원하는 방식으로 생의 마지막 장면을 그려볼 수 있는 존엄한 시간. 이 모든 것이 요양병원이 환자에게 제공해야 할 정거장의 의미다.

하지만 더 중요한 것은 요양병원은 가족에게도 정거장이어야 한다는 것이다. 가족의 여정은 환자의 입원과 함께 시작된다. 처음에는 완치라는 목적지를 향해 달려가던 여행이었다. 하지만 시간이 지나면서 목적지가 바뀐다. 회복에서 안정으로, 안정에서 평안으로, 그리고 마침내는 존엄한 이별로. 이 과정에서 가족은 자신들의 역할과 관계를 새롭게 정의해야 한다.

환자가 세상을 떠난 후, 가족에게는 완전히 새로운 여정이 시작된다. 더 이상 환자 가족이 아닌 사별 가족으로서의 삶, 매일 병원에 오던 일상에서 벗어나 새로운 일상을 만들어가야 하는 과제, 고인에 대한 그리움을 간직하면서도 남은 가족들의 삶을 이어가야 하는 숙제, 이 모든 전환의 순간에 요양병원은 이들과 동행하며 도와줄 수 있다.

요양병원은 가족에 대한 사별 후 돌봄이 가능한 몇 안 되는 주체이다. 환자가 세상을 떠난다고 해서 요양병원과 가족의 관계가 끝나는 것이 아니다. 요양병원은 오히려 그때부터 새로운 돌봄의 대상이 생긴다. 슬픔을 함께 나누는 것, 고인을 기억하는 방법을 찾아가는 것, 남은 가족이 서로를 돌보며 살아갈 힘을 찾는 것, 이 모든 과정에서 요양병원은 가족의 든든한 정거장이 되어야 한다.

정거장에서는 떠나는 이와 머무는 이가 만난다. 짧은 시간이지만 서로에게 의미 있는 순간을 선사한다. 요양병원에서도 마찬가지다. 환자는 세상을 떠나지만 가족은 새로운 삶을 시작한다. 그 교차점에서 요양병원은 두 여정을 모두 지지하는 역할을 해야 한다. 환자의 존엄한 마무리를 돕는 동시에 가족의 새로운 시작을 응원하는 것이다.

이를 위해서는 요양병원의 물리적 공간부터 달라져야 한다. 병실과 진료실만이 아니라 가족이 편안히 시간을 보낼 수 있는 공간, 추억을 나눌 수 있는 장소, 사별 후에도 자연스럽게 방문할 수 있는 열린 공간이 필요하다. 병원이 환자만의 공간이 아

니라 가족 전체를 위한 공간이 되어야 한다는 의미다.

인력 구성에서도 변화가 필요하다. 의사와 간호사뿐만 아니라 사회복지사, 상담사, 영적 돌봄 제공자, 사별 지지 전문가 등이 함께 일할 수 있는 구조가 필요하다. 이들은 환자 치료뿐만 아니라 가족의 심리적 지지, 사별 준비, 사후 돌봄까지 포괄하는 통합적 서비스를 준비하고 제공해야 한다.

정책적으로도 이런 확장된 역할에 대한 인정과 지원이 필요하다. 현재의 의료 수가체계는 환자 치료에만 초점을 맞춰 있어 사별 후 돌봄이나 가족 지지 프로그램에 대한 보상이 거의 없다. 하지만 고령화 사회에서 이런 서비스의 사회적 가치와 요구는 점점 커지고 있다. 요양병원이 이러한 역할을 감당할 수 있도록 지역사회 돌봄 허브로 그 역할을 확장해야 하고 그에 맞는 평가와 지원 체계가 마련되어야 한다.

무엇보다 중요한 것은 사회의 인식 변화다. 요양병원을 마지막에 가는 곳이 아니라 새로운 관계를 시작하는 곳으로 인식하는 문화적 전환이 필요하다. 죽음을 관계의 단절이 아니라 관계의 변화로 받아들이고 사별 후에도 고인과의 연결감을 유지하며 살아갈 수 있다는 관점을 사회가 받아들여야 한다.

정거장에는 특별한 힘이 있다. 이별의 아픔과 만남의 기쁨

이 공존하고 끝과 시작이 자연스럽게 연결되는 곳이다. 요양병원도 그런 공간이 되어야 한다. 환자의 마지막이 가족의 새로운 시작으로 이어지고 개인의 죽음이 공동체의 성장으로 연결되는 그런 공간 말이다.

이것이 바로 요양병원이 지향해야 할 새로운 정체성이다. 종착역이 아닌 정거장으로서, 끝이 아닌 연결로서, 이별이 아닌 새로운 관계의 시작으로서의 역할. 환자에게는 존엄한 마무리를, 가족에게는 희망찬 시작을 선사하는 그런 요양병원에서 우리는 비로소 죽음 앞에서도 희망을 이야기할 수 있고 상실 속에서도 새로운 의미를 찾을 수 있을 것이다.

요양병원에서 느끼는

삶의 한 자락

버리는 것이 아닌 지나가는 것

"요양병원은 환자를 버리는 곳이다." 이 말에 대한 반응은 사람마다 다르리라 생각한다. 어떤 이는 그렇게 느낄 수 있다고 하고, 또 어떤 이는 전혀 그렇지 않다고 반박한다. 만약 내게 이 질문을 던진다면, 나는 "그렇지 않다."와 "어느 정도 그렇다." 사이, 즉 4.5쯤 되는 위치에서 답할 것 같다. 요양병원에서 의료진으로 근무하며 수많은 환자와 보호자들을 만난 경험상, 이 문제는 단순한 찬반으로 나눌 수 없는 복합적 현실을 반영하고 있기 때문이다.

최근에는 이런 이야기를 듣는 빈도가 줄어든 듯하지만 여전히 요양병원에 가기 싫다는 고령자는 적지 않다. 오늘도 상담실로부터 올라온 보고서 하나가 하루 종일 내 마음을 무겁게

했다. 요양병원에 대해 사람들이 가지는 부정적 인식은 종종 환자를 묶어두거나 약으로 재운다는 과거의 이야기와 연결된다. 하지만 더 근본적으로는 누구나 자신의 집을 떠나 낯선 병원에서 지내는 것을 원치 않는다는 본능적인 거부감이 자리하고 있다. 결국 이는 "나를 외면하지 말아 달라.", "끝까지 곁에 있어 달라."는 간절한 호소이자 돌봄과 관심에 대한 갈망이다.

요양병원에 입원한 후 다시 동네로 돌아오지 못한 이의 사례를 주변에서 접한 경험도 영향을 미쳤을 것이다. 그중에는 세상을 떠난 분도 있었고 안타깝게도 요양병원에 갇혀 지낸다는 소문이 퍼진 경우도 있었을지 모른다. 여기에, 평소 가족 간의 대화가 부족하거나 관계가 소원했던 경우에는 자신을 요양병원에 버렸다는 오해와 상처가 더 깊어질 수 있다.

나 역시 요양병원 개원 초기에는 이 같은 이야기를 들으면 화가 나기도 했고 자존심이 상하기도 했다. 병원이라는 공간이 환자를 버리는 곳처럼 여겨지는 현실이 억울했고 그런 방식으로 요양병원을 운영하는 일부 기관에 분노했던 적도 있다. 그러나 시간이 지나면서 이러한 반응은 환자의 입장과 마음을 충분히 헤아리지 못한 나의 미성숙함이었음을 인정하게 되었다. 결국 중요한 것은 환자와 보호자 모두가 납득할 수 있는 방식으로 요양병원의 존재 이유를 설명하고, 실제 경험을 통해 신뢰를 회복하는 일이다.

억지로 입원을 권유하기보다는 짧은 기간이라도 요양병원을 경험해 보도록 유도하는 것이 현실적인 접근일 수 있다. 예컨대 2-3주 정도의 단기 입원을 시도하고 병원 환경이 환자에게 안정감을 줄 수 있도록 의료진과 간호 인력, 시설이 조화를 이루도록 배려한다면 이곳에서 회복될 수도 있겠다는 가능성을 환자에게 전달할 수 있다. 이러한 과정은 환자의 자율성을 존중하는 동시에 병원이 제공할 수 있는 최선의 진료 환경을 보여주는 방법이기도 하다.

물론 어떤 환자는 끝까지 병원 입원을 받아들이지 못하기도 한다. 그런 경우라면 의료진은 한 걸음 물러서서 환자의 판단을 존중하는 것이 필요하다. 하지만 거동이 어렵거나 의사결정 능력이 현저히 저하된 경우에는 보호자의 뜻에 따라 입원과 치료가 결정되기도 한다. 이처럼 요양병원의 진료는 단순히 의학적 판단만으로 이루어지지 않으며 윤리적 고려와 정서적 설득이라는 복합적 요소가 늘 함께 작동한다.

2000년대 초반만 해도 자신이 암 환자라는 사실을 모른 채 항암치료를 받는 경우가 많았다. 폐에 염증이 있다는 설명만

듣고 입원한 경우도 적지 않았다. 그러나 요즘에는 환자 본인의 동의 없이 치료하는 일은 거의 없다. 의료 윤리와 환자의 자기 결정권이 중시되면서 치료 과정의 투명성과 설명 책임이 강화되었기 때문이다. 다만 여전히 보호자만 알고 환자 본인은 모르는 상황도 존재한다. 나쁜 소식을 바로 알리는 것이 부담스럽거나 환자가 병에 대해 모른 채 평온하게 생을 마감하길 바라는 보호자의 바람이 반영된 결과이기도 하다.

하지만 병세가 진행되면 언젠가는 감추려 해도 감출 수 없는 순간이 온다. 어느 날 환자가 "내 병이 대체 뭐요? 암이오?"라고 물으면 요양병원 의사인 나는 "그건 저보다는 큰 병원의 교수님들이 아시고 저는 어르신이 편안히 지내시도록 잘 관리해 드리는 역할을 하고 있습니다."라고 조심스럽게 답한다. 환자의 마음을 다치지 않도록 하면서도 현실을 무겁게 던지지 않는 방식으로 대화를 이어가는 일은 결코 쉬운 일이 아니다.

그런데도 요양병원에서의 진료는 그 나름의 보람이 있다. 처음에는 주사도 안 맞겠다던 분이 치료를 받아들이고 한방치료를 권유하면 뜸도 놔주느냐고 되물으며 마음을 여는 장면을 종종 경험한다. 치료와 돌봄이 신뢰를 바탕으로 진행될 때, 요양병원은 단순히 병원이 아닌 또 하나의 회복의 공간으로 자리매김할 수 있다는 증거가 아닐까?

때로는 환자가 암 관련 증상이 나타난 후 병원을 원망하거나 의료진에게 화를 내는 일도 있다. 심지어 경찰에 신고하려는 분도 있다. 그러나 우리는 그런 가능성 앞에서도 이 순간 할 수 있는 최선을 다하려 노력한다. 그것이 요양병원 의사로서의 사명이고 전남제일요양병원이 지향하는 진료의 방향이기도 하다.

요양병원이 환자를 버리는 곳이라는 인식은 바뀌어야 한다. 이를 위해서는 제도적 기반 역시 변화해야 한다. 노인 의료를 담당하는 요양병원의 수가가 합리적으로 개선되고 상급 병실 급여화 및 간병비 지원 사업이 확대되어야 한다. 그래야만 요양병원이 고령자 의료의 중심축으로서, 국민으로부터 신뢰받고 환자와 보호자 모두에게 희망이 되는 공간으로 자리매김할 수 있을 것이다.

생존의 기로에서 기대하는 것

현재 국내 요양병원은 복합적인 구조적 위기 속에 놓여 있다. 그 중심에는 일당 정액수가제라는 제도의 근본적인 한계가 존재한다. 대부분의 요양병원이 이 정액수가에 의존하고 있으나, 해당 제도는 실제 의료행위에 드는 다양한 비용과 환자 상태의 복잡성을 충분히 반영하지 못하고 있다. 특히 급성질환이나 중증 질환, 다 질환 동반 환자에 대한 진료 시, 정액수가만으로는 치료에 필요한 인력 및 자원을 확보하기 어려워 재정적 압박이 심화하고 있다.

일당 정액수가제는 본래 청구의 편의성과 행정의 효율성을 고려하여 설계된 제도로 일정 질환군에 대한 평균적 진료비를 기준으로 보상하는 구조였다. 그러나 제도 시행 이후 시간이

흐르면서 현실과 괴리가 발생하고 있다. 언제부터인가 이 제도는 최소한의 진료 비용만을 보장하는 하한선 역할로 변질되었다. 이보다 더욱 심각한 문제는 수가 보상은 정액제 방식으로 하면서도 심사 조정은 행위별 수가 기준에 근거하여 이루어지는 이중적 구조가 굳어졌다는 점이다. 이러한 모순은 현장의 의료진에게 혼란을 초래하며 병원의 수익 구조에도 부정적인 영향을 미치고 있다.

이와 함께 요양병원의 진료 기능과 물리적 인프라의 미비는 또 다른 심각한 도전 과제로 부각되고 있다. 고령화가 빠르게 진행되면서 단순한 요양 서비스만으로는 환자의 건강을 지탱하기 어렵게 되었으며 실제로 폐렴, 패혈증, 심부전과 같은 급성질환의 발생 빈도가 높아지고 있다. 이와 같은 질환에 즉각 대응할 수 있는 전문 진료 기능과 의료 장비가 절실히 요구되지만 요양병원에 대한 정책적 지원의 부재와 요양병원 패싱 기조는 대부분의 병원을 만성적 허약 체질로 내몰고 있다.

특히 새로운 의료 장비 도입, 감염병 대응 시스템 구축, 호흡기 치료 인프라 확충 등 필수적 의료 환경 개선에 투자할 재정 여력이 부족한 상황은 병원의 의료 수준 저하로 이어질 수밖에 없다. 더욱이 중증 환자 진료에 대한 수요는 증가하고 있지만 이를 감당할 수 있는 의료진과 간호인력 확보는 여전히 난관이다. 실제로 요양병원에 종사하는 다수의 간호 인력은 높은 업무 강도와 낮은 보상, 불안정한 조직 문화로 인해 직무 이탈을 고려하고 있으며 이는 결국 서비스 질 하락으로 귀결될 가능성이 높다.

인력 확보 문제는 단순히 수급 차원의 문제가 아니다. 고령 환자의 복합적인 증상과 질환을 통합적으로 관리하기 위해서는 다학제 진료 체계와 임상적 경험이 풍부한 인력이 필요하다. 그러나 현재와 같은 재정구조에서는 이러한 인력을 안정적으로 확보하거나 유지하기 어렵다. 이에 따라 "요양병원은 환자의 생명을 책임질 수 있는 전문 의료기관인가?"와 같은 근본적인 신뢰의 문제가 제기되고 있다.

이와 함께 제도적·정책적 제약은 요양병원의 구조적 위기를 더 많이 심화시키고 있다. 이른바 요양병원 패싱 정책이라고 불리는 여러 규제와 배제 조치는 요양병원을 본질적 의료기관이라기보다 부차적 돌봄 기관으로 인식하게 만드는 요소로 작용해 왔다. 그 결과, 보건복지 정책이나 건강보험 수가 책정에 있어 요양병원은 후순위로 밀려났고 정책 결정 과정에서도 충분한 의견 수렴이 이루어지지 않고 있다.

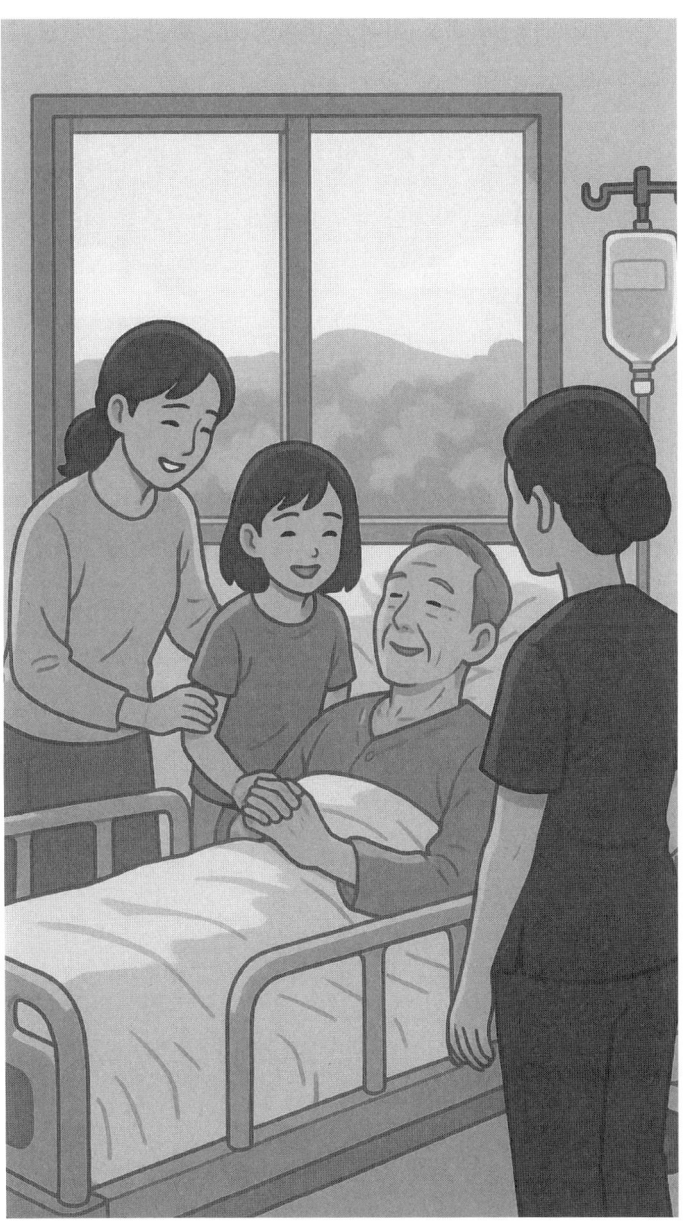

대한요양병원협회는 이러한 현실을 개선하고자 행위별 수가 청구의 부분적 도입, 중증 환자에 대한 별도 가산 체계 신설, 적정성 평가의 탄력적 운영 등을 지속적으로 건의해 왔지만 건강보험 재정의 한계와 제도 변화의 경직성으로 인해 구체적인 성과는 제한적이다.

문제는 여기에 그치지 않는다. 정부는 요양병원의 의료서비스 질 향상을 명분으로 각종 인증 규제와 적정성 평가 기준을 강화하고 있으나 정작 이를 뒷받침할 재정적·제도적 지원은 턱없이 부족하다. 의료기관이 질 향상을 위한 투자를 감행하려면 일정 수준 이상의 정책적 지원과 예측 가능한 보상 체계가 전제되어야 한다. 그러나 현실은 그렇지 않으며 이에 따라 의욕과 책임 사이의 괴리가 점점 커지고 있다.

요양병원 종사자는 강화되는 평가 기준을 충족시키기 위해 부단히 노력하고 있다. 의료진과 간호인력, 행정팀까지 모든 조직 구성원이 매뉴얼을 검토하고 시스템을 개선하기 위해 노력하지만 인력과 자원이 부족한 상황에서 이러한 노력은 이미 한계에 도달해 있다. 이처럼 책임은 강화되었으나 권한과 자원은 부족한 불균형 속에서 요양병원은 점차 지쳐가고 있다.

이제 요양병원이 이러한 구조적 위기에서 벗어나기 위해서는 단순한 적응이 아닌 체질 개선 수준의 구조적 전환이 필요하다. 의료 수가 구조의 개편, 정책적 배려 확대, 인력과 시설에 대한 국가 차원의 지원이 동반되어야 하며 이는 단순히 병원의 생존을 위한 조치가 아니라 사회 전체의 고령 친화적 의료시스템을 위한 필수 조건이다.

그러나 그보다 먼저 개별 요양병원은 자신의 한계를 인식하고 자구적인 개혁을 추진해야 한다. 과감한 선택과 집중을 통해 자신이 잘할 수 있는 분야에 전문성을 집중하고 한정된 자원을 효율적으로 배분하여 생존 기반을 구축해야 한다. 예컨대 호흡기 전문, 재활 집중, 감염병 관리 특화 등 전문화된 의료 기능 모델을 중심으로 병원의 방향성을 명확히 설정해야 한다.

요양병원이 지금 맞이하고 있는 위기는 단순한 경영상의 어려움이 아니라 존립 가치와 사회적 역할의 재정립을 요구하는 본질적인 전환점이다. 이제는 단순 요양기관에서 벗어나 전문성과 신뢰를 갖춘 의료기관으로 거듭나야 하며 이를 위해 필요한 변화는 선택이 아닌 생존의 조건이다.

더는 쉼터가 될 수 없다는 것

우리나라는 초고령사회를 향해 빠르게 나아가고 있으며 이에 따라 의료 생태계 전반의 구조와 수요 또한 급격하게 변화하고 있다. 과거에는 단순 요양 중심의 입원 서비스가 어느 정도의 수요를 충족시킬 수 있었지만 이제는 만성질환의 지속적 관리, 급성기 질환 대응, 재활치료, 사회 복지적 개입까지 포함하는 통합적이고 전문적인 서비스가 필수로 요구되고 있다.

이러한 변화에도 불구하고 상당수 요양병원은 여전히 과거의 운영 패러다임에서 벗어나지 못하고 있다. 더구나 국민의 의료서비스에 대한 기대 수준은 지속적으로 높아지고 있으며 의료의 질과 안전성에 대한 요구 또한 날로 커지고 있다. 그 결과, 병원의 대응이 부족할 경우 의료 분쟁과 소송으로 이어지는 사례도 점차 증가하고 있다.

현재 정부는 요양병원의 의료 기능 강화를 정책의 핵심 방향으로 제시하고 있다. 이는 환자의 권리와 안전을 보호하는 데 있어 매우 중요하지만 동시에 병원의 운영비용 증가라는 현실적 부담을 수반한다. 이 지점에서 우리는 본질적인 질문과 마주하게 된다.

과연 국가는 이러한 비용 증가를 어디까지 감내할 것인가? 만일 요양병원이 진료 역량을 강화한 결과, 의료비용까지 일반 병원 수준에 근접하게 된다면 정부는 다시 요양병원을 규제 대상으로 삼을 가능성도 있다. 실제로 행위별 청구가 늘어 수익이 증가하면 이는 수가 삭감 또는 새로운 제한 제도의 도입으로 이어질 수 있다. 그 결과, 일부 병원은 차라리 요양원 수준의 저비용 모델을 선호하게 될지도 모른다.

우리 의료 정책의 과거 흐름을 돌아보면 특정 영역이 빠르게 성장할 때마다 정부는 규제와 제한을 가해왔다. 이러한 역사적 맥락을 고려할 때, 요양병원의 의료 기능 강화는 이상적 목표이되, 현실적으로는 신중한 접근이 필요한 과제이기도 하다. 의료의 질을 향상하되, 급격한 비용 상승을 방지하고 병원 경영의 지속가능성을 확보하는 방향이 모색되어야 한다.

현실적으로 요양병원이 선택할 수 있는 생존 전략은 크게 두 가지다. 하나는 의료 기능을 강화하여 차별화된 경쟁력을 확보하는 방향이고 다른 하나는 병원 규모를 최적화하여 경영의 효율성을 극대화하는 전략이다. 마치 대형 공룡의 멸종과 소형 포유류의 생존이라는 생태계의 진화사를 연상케 한다. 그러나 어떤 전략이 장기적으로 생존을 담보할지는 그 누구도 확언할 수 없다.

그렇다면 의료 기능을 실질적으로 어떻게 강화할 수 있을까? 그 힌트는 요양병원 관련 의료 분쟁 사례 속에 존재한다. 요양병원이 일반 급성기 병원과 가장 큰 차별점을 보이는 지점은 바로 관찰의 민감성이다. 요양병원은 환자의 상태를 하루하루 면밀히 모니터링하고 그 미세한 변화 속에서 위험 신호를 조기에 포착해야 한다. 이를 놓치면 보호자는 왜 갑자기 상태가 나빠졌는지, 그동안 병원은 무엇을 했는지 의문을 제기하게 되며 이는 분쟁의 실마리가 될 수 있다.

노인 환자는 언제든지 상태가 급변할 수 있다. 아침까지도 안정적으로 보였던 환자가 갑자기 발열, 호흡곤란, 의식 저하 등을 보일 수 있으며 이는 폐렴, 요로감염, 패혈증, 심장질환 등 사망률이 높은 질환의 전조일 가능성이 높다. 처음에는 가벼운 증상으로 시작하지만 신속한 검사와 진단, 치료 개입이 이루어지지 않으면 중증으로 악화한다. 그 시점에서 요양병원에서의 치료를 지속할지, 상급 의료기관으로 전원할지를 신속히 결정해야 한다.

이러한 판단은 환자나 보호자의 의사에 따라 달라질 수 있다. 어떤 보호자는 적극적인 전원을 원하지만 또 다른 보호자는 익숙한 병원 환경에서의 치료를 선호하기도 하며 일부는 더 이상의 치료보다는 편안한 임종 돌봄을 요청하기도 한다. 따라서 요양병원 의료진은 단순한 임상 판단을 넘어서 환자의 삶의 방향과 가치를 함께 고려한 통합적 결정을 내려야 한다.

지금 이 시대는 요양병원의 의료 기능 강화를 요구하고 있다. 특히 상급 의료기관 응급실로의 접근성이 낮아진 현재의 의료 환경에서 요양병원의 의료 역량 강화는 더 이상 선택이 아니라 필수임을 자각해야 한다. 이를 위해 매일의 회진은 단순한 루틴이 아니라 변화의 징후를 조기에 감지하고 즉각적으로 대응할 수 있는 임상적 민감성과 판단력을 요구하는 과정으로 변화해야 한다. 바로 이 부분이 과거 단순 요양 중심이던 시기와는 명확히 다른 수준의 의료가 요구되는 가장 구체적인 지점이라고 할 수 있다.

사실 대부분의 의사는 이미 이러한 역량을 지니고 있다. 다만 이를 실천하기 위해서는 인력, 시간, 비용이라는 자원이 필요하다. 병원이 충분히 지원하지 않는다면 의료진의 역량도 자연히 위축될 수밖에 없다. 결국 병원 운영진의 정책적 결단과 실질적 투자 없이는 진료 수준의 개선은 기대하기 어렵다.

따라서 이제 요양병원은 더 이상 은퇴 의사나 의료인의 안식처로 존재할 수 없다. 과거의 방식으로, 과거의 관성으로 운영되는 병원은 변화하는 의료 환경에서 도태될 수밖에 없다. 실제로 의료 분쟁의 증가, 평가 기준의 강화, 환자 기대 수준의 상승은 요양병원이 더 이상 과거에 머물 수 없음을 분명히 보여주고 있다.

이 시점에서 요양병원협회 등 유관 기관이 맡아야 할 역할도 크다. 진료 역량을 갖춘 의사와 그런 의사를 필요로 하는 병원 간의 연결을 체계화하고 요양병원에 적합한 의료인의 기준을 재정립해야 한다. 현재까지도 많은 의사와 요양병원이 서로를 잘 이해하지 못하는 현실은 반드시 개선되어야 한다.

결론적으로, 현실에 안주하여 변화를 거부하는 요양병원은 도태될 수밖에 없다. 각 병원은 자신이 가진 강점을 분석하고 그 강점을 중심으로 전문성을 강화하며 약점을 보완하는 방향으로 진화해야 한다. 이러한 자기 이해와 전략적 선택은 결코 쉬운 과제가 아니지만 요양병원이 살아남기 위해 반드시 거쳐야 할 과정이다.

궁극적으로 요양병원의 미래는 점진적이고 현실적인 혁신에 달려 있다. 의료서비스의 질적 향상과 비용 효율성이라는 과제를 동시에 해결하는 최적의 균형점을 찾아야 하며 이는 단순한 생존을 넘어 전문성과 신뢰를 갖춘 의료기관으로의 도약을 위한 필수 조건이기도 하다.

생존을 넘어 성장한다는 것

　급변하는 의료 환경과 지속되는 재정 압박 속에서 요양병원의 생존과 성장은 단순한 운영 효율성 확보만으로는 불가능하다. 의료 기능의 질적 향상과 함께 수익 구조의 근본적 개편이 요구된다. 특히, 일당 정액제의 제약 안에서 의료 필요도가 높은 환자를 중심으로 진료하고 장기 입원에 따른 수가 불이익을 회피하며 행위별 수가 청구를 적극 활용하는 것이 요양병원의 지속 가능성을 확보하는 핵심이다. 이러한 전략은 단순 운영 방식의 개선이 아닌, 병원의 정체성과 방향성을 재정립하는 전문화 전략을 통해 실현될 수 있다.

　2023년 통계청이 발표한 10대 사망원인을 살펴보면 악성신생물, 심장질환, 폐렴, 뇌혈관질환, 고의적 자해, 알츠하이머

병, 당뇨병, 고혈압성 질환, 패혈증, 코로나19가 포함되어 있다. 이는 곧, 요양병원이 단순한 노인 돌봄 기관을 넘어 고사망률 질환을 포괄하는 전문 진료의 거점으로서 기능해야 함을 의미한다. 이에 따라 수익성과 지속가능성을 동시에 확보할 수 있는 질환별 전문 센터 모델이 절실하다.

폐렴과 패혈증 같은 호흡기 질환은 고령 환자에게 흔히 발생하며 치료 지연 시 생명 위협이 큰 질환이다. 이들을 집중적으로 관리하는 호흡기 전문 요양병원은 인공호흡기 운영, 산소치료, 호흡 재활 프로그램 등의 의료서비스를 강화함으로써 행위별 수가 청구가 가능하고 의료 고도화 환자군 확보에 유리하다. 또한, 급성기 병원에서의 퇴원 이후 지속적인 호흡기 관리가 필요한 환자를 안정적으로 유치할 수 있다. 이는 단순 수익 향상을 넘어 의료 질 향상과 지역 내 필수 의료 기반 확보라는 공익적 가치도 실현하게 된다.

다제내성균 감염, 결핵, 패혈증 등 감염성 질환은 감염관리 인프라와 전담 인력이 필요하며 일반 요양병원에서 감당하기 어려운 영역이다. 감염 전문 시스템을 구축한 요양병원은 격리병실, 전담 감염관리팀, 항생제 치료 프로토콜 등을 갖추고 고위험 감염 환자 치료를 전담할 수 있다. 이는 급성기 병원의 감염병 전이 차단에도 기여하며 고난도 감염질환 환자의 전원 병원으로서 지역 내 입지를 확보할 수 있다.

퇴원 후 재활이 필요한 뇌졸중, 척수손상, 정형외과 수술 환자 등을 집중적으로 수용하는 재활 전문 모델도 가능하다. 물리치료, 작업치료, 언어치료 등 다학제 재활팀 구성을 통해 환자 맞춤형 회복 프로그램을 운영할 수 있으며 이는 행위별 수가 청구의 효율을 극대화할 수 있다. 나아가 장기 입원 환자의 기능 회복과 삶의 질 향상을 통해 요양병원의 의료기관 정체성을 강화하는 데에도 기여한다.

만성신부전 환자는 주기적인 혈액투석이 필수적이며 이는 일반 요양병원에서는 감당하기 어려운 구조이다. 투석실을 갖춘 전문 요양병원은 지속적인 혈액투석 치료와 함께 합병증 관리, 영양상담, 심리 지원 등 통합 관리가 가능하다. 이는 안정적인 수익 기반을 제공할 뿐 아니라 치매나 중증 만성질환을 동반한 신부전 환자의 의료·돌봄 통합 관리가 가능한 모델로 발전할 수 있다.

암은 여전히 대한민국 사망원인 1위다. 치료 종료 후 요양과 완화의료가 요구되는 환자군은 지속적으로 증가하고 있다. 통증 관리, 증상 조절, 가족 상담, 임종 돌봄까지 포함하는 말

기 암 케어는 비교적 높은 수준의 전문성과 정서적 배려가 요구된다. 호스피스 병동 운영과 함께 저비용 비급여 모델을 적용하여 환자와 가족 모두의 부담을 줄이고 병원의 수익 안정성을 동시에 추구할 수 있다.

고령화 사회의 대표적인 질환인 치매는 단순 보호를 넘어 인지 재활, 약물치료, 행동 심리 증상 관리 등이 종합적으로 요구된다. 치매 진단, 치료, 케어까지 포괄하는 원스톱 치매센터를 병원 내에 구축함으로써 장기 입원이 필요한 중증 치매 환자군을 안정적으로 확보할 수 있으며 공공 치매안심센터와의 연계 또한 강화할 수 있다. 이는 국가적 과제인 치매 관리정책과도 발맞추는 전략적 방향이다.

고관절 치환술, 척추 수술, 심장 수술 등 후속 회복이 필요한 환자들에게 집중 재활과 감염 관리, 수술 부위 전문 처치 등을 제공하는 외과 수술 후 회복 전문 모델도 고려할 수 있다. 상급종합병원과의 원활한 전원 시스템을 구축하면 급성기 이후 회복기 진료 연속성 확보와 병상 회전율 개선에 기여할 수 있다. 이는 지역 병원 간 협력체계를 공고히 하고 병원의 중간 진료 허브로서의 위상도 제고시킨다.

욕창은 중증 환자 및 장기 요양 환자에게서 발생 빈도가 높고 치료 기간이 길며 재발 우려가 높다. 욕창 치료를 전문화하면 감염 치료, 피부 재생 치료, 재활 프로그램 등 통합적 장기 치료가 필요한 환자군을 확보할 수 있다. 특히 다제내성균 동반 감염과 패혈증의 위험이 높아 행위별 수가 청구의 기회가 많으며 전문 간호 체계 도입을 통해 요양병원의 의료 전문성 향상에도 기여할 수 있다.

이와 같은 단일 전문화 모델에 머무르지 않고 각 병원의 인력 구성, 설비 역량, 지역 의료 수요 등을 면밀히 분석하여 복합 전문화 모델을 구축하는 것이 바람직하다. 예컨대, 치매 환자를 위한 투석 병동, 암 환자 대상 호흡기 케어 등 상호보완적 전문 분야를 통합함으로써 병원의 입지를 넓히고 수익 구조를 다변화할 수 있다. 전문성 확보는 단순한 마케팅 도구를 넘어서 병원 생존의 핵심 축이 되어야 한다.

이제는 단순 생존을 넘어 새로운 도약의 시기를 준비해야 한다. 단순 요양 병원이라는 기존의 틀에서 벗어나 전문 의료기관으로서의 정체성 재정립과 전략적 전환이 절실하다. 이러한 노력이야말로 요양병원이 직면한 위기를 극복하고 지속가능한 성장의 길로 나아가는 유일한 해답이다.

의사의 마음이 젊다는 것

요양병원이 일반 급성기 병원과 가장 크게 다른 점 중 하나는 이미 입원 중인 환자들의 상태 변화, 특히 초기 이상 증상을 얼마나 빠르고 정확하게 감지하고 이에 맞춰 적절한 진단과 치료를 시행할 수 있는가에 있다. 진정한 요양병원의 진료 능력은 바로 이 관찰과 대응의 민감도에서 결정된다.

보호자들이 가장 두려워하는 순간은 이렇다. "그럭저럭 괜찮게 지내던 부모님이 갑자기 위중해지다니. 병원은 과연 무엇을 하고 있었던 겁니까?"라는 물음. 이 질문은 민원으로, 때로는 분쟁과 소송으로 이어지며 요양병원의 신뢰도를 좌우하는 중대한 변수로 작용한다.

대부분의 요양병원 환자는 고혈압, 당뇨, 치매와 같은 만성

질환을 가진 분들이다. 그러나 이들은 예고 없이 발열, 무기력, 식욕 저하, 기침 등 새로운 증상을 보이기도 한다. 이처럼 사소해 보이는 증상이 폐렴, 요로감염, 패혈증, 심장질환과 같은 우리나라 주요 사망원인으로 이어질 수 있다는 점에서 요양병원의 임상적 관찰력은 생명과 직결된다.

단순한 변화라도 이를 빠르게 인지하고 혈액검사, 흉부 X-ray, 심전도 등을 통해 질환의 실체를 진단하며 치료 방향을 설정해야 한다. 이 시점에서 병원은 고민에 직면한다. 현재의 진료 여건으로 치료가 가능한가? 상급 병원으로의 전원이 필요한가? 무엇보다 환자와 보호자의 의사는 어떠한가?

전원을 원해도 응급실 수용 상황이 어렵거나 환자가 연명의료를 거부하고 임종 돌봄을 선택하는 경우도 있다. 반면, 요양병원 내에서 가능한 최선의 치료를 감행하는 경우도 적지 않다. 이러한 결정을 가능하게 하는 요인은 바로 요양병원과 의료진에 대한 환자 및 보호자의 신뢰다. 신뢰가 구축된 병원일수록 과감한 결정을 내리고 치료를 이어갈 수 있다. 이는 결국 요양병원이 단순한 요양시설이 아닌 치료기관으로 기능하기 위한 핵심 조건이기도 하다.

요양병원의 진료 역량 강화는 이제 사회적 요구를 넘어서 현실적 과제로 다가오고 있다. 응급실 전원조차 쉽지 않은 지역 현실 속에서 요양병원은 스스로 더 많은 의료 책임을 떠안게 되고 있다.

이런 맥락에서 "회진은 매일 똑같은 일의 반복이다."라는 통념은 오해다. 요양병원의 회진은 외견상으로는 반복되는 일상처럼 보이지만 실상은 전혀 그렇지 않다. 어제까지 안정적이었던 환자의 작은 변화 속에서 중대한 임상적 신호를 감지해내는 의사의 감은 무엇보다 중요하다. 진료는 반복되지만 환자는 하루하루 달라진다.

대부분의 의사는 이미 이런 감각을 갖고 있다. 그래서 정말 중요한 것은 의사의 능력보다 의사의 긴장감이다. 요양병원 진료는 신체적 피로보다는 마음의 태도가 더 중요하다. 게으르지 않으려는 자세, 환자의 표정과 기운을 놓치지 않으려는 주의, 그리고 끊임없이 환자의 상태를 예의주시하려는 임상의의 마음가짐이 핵심이다.

요양병원은 더 이상 은퇴한 의사들이 편히 지내는 곳이 아니다. 물론 나이든 의사가 무능하다는 것은 아니다. 반대로, 나이는 젊지만 마음이 이미 늙어버린 의사도 있다. 지금 요양병원에 필요한 것은 육체적 나이보다 마음이 젊은 의사다. 학문

에 열려 있고 환자에게 따뜻하며 조직과 소통하려는 열린 마음을 지닌 의료진이 필요하다. 그런 의사가 환자의 생명을 살리고 병원의 신뢰를 지킨다.

최근 요양병원 관련 의료 분쟁은 증가 추세다. 여러 곳에 자문을 구해보니, 많은 이들은 초기 증상 발견과 적극적인 진료가 분쟁 예방의 핵심이라는 답을 내놓았다. 이 답이 전적으로 맞다. 환자의 위기를 초기에 감지하고 적절히 대응하며 보호자와 소통하는 체계가 갖춰질 때, 요양병원은 진정한 의료기관으로 자리매김할 수 있다.

지금, 요양병원은 선택의 갈림길에 서 있다. 단순 요양으로 머물 것인가, 아니면 의료 기능을 강화한 새로운 길을 모색할 것인가? 후자를 선택한다면 그 길은 분명 쉽지 않다. 뼈를 깎는 고통, 높은 기준, 불안한 재정이라는 현실이 기다리고 있다.

그래서 막연히 봉사의 마음만으로, 혹은 은퇴 후 안정된 삶을 꿈꾸며 건물 하나 지어 요양병원이나 운영해 보자는 생각으로 시작하는 분이 있다면 말리고 싶다. 실제로 나는 수년째 "하지 마세요, 요양병원"이라는 제목의 강의를 해왔다. 이제는 그 이유를 많은 분들이 이해하고 있다고 믿는다.

그러나 그런데도, 나는 여전히 요양병원의 가능성을 꿈꾼다. 다음 단계는 바로 이것이다. 진료 역량을 갖춘 의사와 그런 의사를 간절히 필요로 하는 요양병원을 연결해 주는 역할. 아직도 의사와 요양병원은 서로를 잘 모른다. 그 간극을 좁히는 일, 바로 지금부터 시작되어야 한다.

실제로 환자를 맞는다는 것

오전 9시, 2병동 회진이 시작된다. 85세 김○○ 님은 어제까지 평소와 다름없이 식사하셨는데 오늘 아침 갑자기 기력이 떨어져 보인다. 혈압과 체온은 정상 범위지만 10년 차 간호사 박○○은 뭔가 다르다고 말한다. 이런 미세한 변화를 감지하고 대응하는 것이 요양병원 진료의 핵심이다.

요양병원에서 이론과 현실 사이의 거리는 생각보다 가깝다. 환자 중심의 진료, 개별성을 존중하는 돌봄, 연속적인 의료 서비스라는 개념들이 추상적으로 들릴 수 있지만 실제 병동에서는 매일의 회진과 간호, 퇴원 계획과 지역사회 연계를 통해 구체적인 모습으로 구현된다.

요양병원에 가족을 입원시킨 보호자들이 가장 자주 던지

는 질문들은 생각보다 복잡하지 않다. "식사는 하실 수 있을까요?" "혹시 통증은 없으신가요?" "집에 갈 수 있는 가능성은 없을까요?" 이러한 질문 속에는 단순한 의학적 정보에 대한 욕구를 넘어서 환자의 존엄과 가족으로서의 마음을 함께 고려해달라는 간절한 바람이 담겨 있다.

의료진은 이러한 질문을 단순히 정보 전달로 응답해서는 안 된다. 설명의 방식, 눈빛, 침묵의 길이조차도 환자와 가족에게는 중요한 메시지가 되기에, 요양병원의 진료 현장은 더욱 섬세한 소통의 감각을 요구한다. "당뇨 수치가 높아지셨네요."라고 말하는 것과 "요즘 식사량이 줄어서 당뇨 조절이 어려워지고 계시는데 함께 방법을 찾아보겠습니다."라고 말하는 것은 전혀 다른 메시지다.

환자 개개인이 서로 다른 존재라는 인식은 요양병원 진료의 출발점이다. 같은 당뇨병 진단을 받았더라도 한 환자는 "30년째 당뇨 관리하고 있어요."라고 말하는 경험자이고, 다른 환자는 "6개월 전에 갑자기 진단받았는데 뭘 어떻게 해야 할지 모르겠어요."라고 토로하는 초심자일 수 있다. 이런 차이는 단순히 의학적 정보를 넘어서 환자의 삶 전체에 영향을 미친다.

현대 의료의 큰 과제 중 하나는 분절화된 치료 과정을 연결하는 것이다. "큰 병원에서는 이렇게 설명해 주셨는데 여기서는 왜 다른 얘기를 하시나요?"라는 보호자의 당황스러운 질문은 의료 연속성의 중요성을 보여준다. 급성기 병원에서 요양병원으로, 요양병원에서 가정으로 이어지는 여정에서 환자는 매번 새로운 의료진을 만나고 같은 설명을 반복해야 한다.

이를 위해서는 의료진 개인의 노력을 넘어선 시스템적 접근이 필요하다. "간호사 선생님은 괜찮다고 하시는데 의사 선생님은 걱정된다고 하시니 누구 말을 믿어야 할지 모르겠어요."라는 혼란이 생기지 않도록 의사의 의학적 판단, 간호사의 일상 관찰, 사회복지사의 가족 상담, 재활치료사의 기능 평가 등이 하나의 목소리로 모아져야 한다.

환자의 여정은 병원 안에서 끝나지 않는다. "퇴원하라고 하시는데 집에서 어떻게 돌봐야 할지 막막해요."라는 가족의 걱정은 현실적이고 절박하다. 입원은 하나의 경유지일 뿐이고 진정한 회복은 일상으로 돌아가는 과정에서 이루어진다. 따라서 요양병원은 치료 제공자를 넘어서 환자의 삶 전체를 지원하는 동반자가 되어야 한다.

실제 현장에서 이런 접근이 어떻게 구현되는지는 다양한 방식으로 나타난다. 입원 시 환자와 가족의 생활 환경을 함께 고려하는 초기 평가, 정기적인 팀 회의를 통한 치료 계획 조정, 퇴원 전 보호자 교육과 지역 자원 연계, 퇴원 후 지속적인 모니터링과 지지 등이 모두 이런 철학의 구체적 실현이다. "처음엔 막막했는데 하나하나 설명해 주시니 할 수 있을 것 같아요."라는 보호자의 말은 이런 노력의 결과라고 할 수 있다.

    결국 요양병원의 진료가 추구해야 할 방향은 명확하다. 환자를 치료 대상이 아닌 삶의 주체로 인정하고 그들의 여정에 동행하는 것이다. "여기서 정말 사람답게 대해주시는 걸 느꼈어요."라는 환자의 말은 이런 철학이 현실에서 어떻게 경험되는지를 보여준다. 이는 단순한 서비스 개선을 넘어서 의료가 추구해야 할 근본적 가치의 실현이다.

입원과 퇴원을 이어간다는 것

 오후 2시, 매주 수요일마다 열리는 퇴원계획 회의에 78세 이○○ 님 사례가 올라왔다. 입원 시에는 폐렴으로 의식을 잃었던 분이 이제 독립적인 식사가 가능해졌고 보행도 보조기와 함께라면 할 수 있게 되었다. 하지만 간병인 없이 혼자 지내시던 분이라 퇴원 후 일상이 걱정된다. "의학적으로는 퇴원이 가능하지만 집에서 안전하게 지내실 수 있을까요?" 주치의의 질문에 사회복지사, 간호사, 재활치료사가 각자의 관점에서 답을 찾기 시작한다.
 바로 이런 풍경이 "정거장으로서의 요양병원"이라는 철학이 구체적으로 구현되는 순간이다. 요양병원에서의 입원과 퇴원은 단순한 행정 절차가 아니라 환자의 삶의 흐름 속에서 중요한 전환점이다. 특히 만성질환이나 중증 노인 환자에게 있어서 입원은 일시적인 보호처일 뿐만 아니라 향후 삶을 준비하는 중간 지점이 된다. 종착역이 아닌 정거장에서 환자는 다음 여정을 위해 준비를 하고 의료진은 그 여정을 함께 설계하는 동반자가 되어야 한다.

일반적으로 요양병원에서는 입원 시 환자의 의학적 정보만을 중점적으로 수집하게 된다. 혈압, 혈당, 약물 이력, 질환 코드 같은 수치와 진단명은 의료적으로 중요하지만 그것만으로는 환자의 삶 전체를 이해하는 데 한계가 있다. "어떤 집에서 누구와 함께 살고 계신가요?" "평소 어떤 일상을 보내셨나요?" "가장 걱정되는 부분은 무엇인가요?" 이런 질문들이 입원 초기부터 시작되어야 한다. 이러한 정보는 단순히 사회복지사가 관리하는 영역에 머물러서는 안 되며 주치의, 간호사, 치료사 모두가 공유하고 논의해야 하는 핵심 자료다.

현실은 그렇게 단순하지 않다. 환자가 퇴원 후 자택이나 요양시설에서 안정적으로 지낼 수 있을지, 기본적인 자가 관리가 가능한지, 필요한 의료와 돌봄 자원을 적절히 연계할 수 있을지에 대한 고민이 선행되어야 한다. "집에서는 가족이 약을 챙겨줄 수 없는 상황입니다." "입맛이 없어 식사량이 떨어지는 데 보완책이 필요합니다."와 같은 현실적인 문제가 회의에서 오간다. 특히 고령자, 독거 어르신, 인지기능 저하 환자처럼 사회적 자원이 부족하거나 일상 복귀가 쉽지 않은 환자에게 있어, 퇴원은 또 다른 위기의 시작이 될 수도 있다.

이러한 맥락에서 다학제 퇴원계획 회의는 매우 중요한 역할을 한다. 단순히 주치의의 판단에 따라 퇴원을 결정하는 방식에서 벗어나 다양한 전문 인력이 환자의 상태를 함께 점검하고 의료적·심리적·사회적 측면을 종합적으로 고려하여 퇴원 후 계획을 설계하는 방식이다. 의사, 간호사, 사회복지사, 영양사, 재활치료사 등 여러 직종이 모여 환자에 대한 종합적인 평가를 수행하며 그 결과를 바탕으로 구체적인 지원 전략을 수립한다.

환자 개개인의 상황에 맞춰 퇴원 이후 서비스도 다양하게 조정되어야 한다. 일상생활 동작이 가능한 독거노인은 방문간호와 방문요양 서비스를 연계하고 인지기능이 저하된 환자에게는 주간보호센터 등록을 안내한다. 암 환자의 경우에는 지역 완화의료 팀과의 연결을 통해 퇴원 이후에도 통증관리와 정서적 돌봄이 유지될 수 있도록 돕는다. 이러한 연계는 단순한 소개서를 전달하는 것에 그치지 않고 병원 내 사회복지사가 직접 신청 서류를 안내하고 등록을 지원하는 형태로 이루어진다.

이와 같은 다학제 퇴원계획 회의는 의료진 내부의 소통 강화를 유도하는 계기이기도 하다. 각 분야의 전문가들이 한 환자를 중심으로 의견을 나누는 과정은 직무 간의 시야를 넓히고 병원의 진료 문화를 성숙하게 만드는 효과를 낳는다. "그동안 몰랐던 생활 패턴을 알게 되었다." "의사 입장에서는 간단한 퇴원이지만 사회복지사 입장에서는 연계가 더 필요한 사례였다."는 피드백이 오간다. 이는 곧 병원 전체의 진료 역량이 한 단계 도약하는 발판이 된다.

우리 병원은 이 다학제 회의를 정기적인 시스템으로 운영하기 위해 준비하고 있다. 환자의 퇴원 가능 시점, 질환의 안정성, 기능 상태, 복약 순응도, 자택 환경, 보호자 유무, 지역 자원 연계 가능성 등을 종합적으로 다룰 이 회의는 단지 퇴원 일자를 정하는 것이 아니라 퇴원 이후를 설계하는 회의라는 점에서 의미가 크다고 생각하기 때문이다.

이러한 출발을 위해 우리는 퇴원 전 보호자 교육을 시행하려 노력하고 있다. "병원에서 익숙했던 환경이 집에서는 전혀 다르게 다가와요."라는 보호자의 말처럼 침대 높이 하나, 화장실 문턱 하나가 환자의 안전을 위협할 수 있다. 병원은 낙상 예방을 위한 환경 개선 지침, 약 복용 시 유의 사항, 응급 상황 시

대처법 등을 문서로 제공하고 개별 상담도 진행한다.

결국, 퇴원은 병원이라는 울타리 안에서 마무리되는 사건이 아니라 일상의 복귀를 향한 새로운 시작이다. 그리고 이 시작이 환자에게 좌절이 아닌 회복의 발판이 되기 위해서는 퇴원계획의 세밀함과 연속성이 무엇보다 중요하다. 요양병원은 치료 중심의 공간에서 돌봄의 파트너로, 이제는 회복의 설계자로 그 역할을 넓혀가야 한다. 다학제 퇴원계획 회의는 이러한 전환을 실천하는 가장 현실적이고도 효과적인 방법이며 그 자체로 정거장에서 다음 여정을 함께 준비하는 요양병원의 철학을 보여주는 상징이라 할 수 있다.

식사를 통해 환자를 읽는다는 것

"점심 드시는데 회진 와서 죄송합니다." 오늘도 이런 말로 병실에 들어선다. 일하다 시간이 늦어져 점심시간이 되면 회진이 쉽기도 하고 어렵기도 하다. 쉬운데 어렵다는 거다. 식사하시는 모습만 봐도 환자의 경과를 알 수 있기에 회진에 효과적이다. 그렇다고 식사 시간에 맞춰 일부러 회진을 잡지도 않고 잡을 수도 없다. 그러나 또 피하지도 않고 피할 수도 없다.

식사 장면에서 얻는 정보는 생각보다 풍부하다. 양은 얼마나 드시는지, 매운 것도 먹는지, 누룽지만 겨우 넘기는지, 게의 딱딱한 껍질을 부수고 씹을 만큼 치아는 튼튼한지. 여러 정보를 얻을 기회다. 의학 교과서에서 배우는 '환자의 전신 상태 평가'라는 항목이 바로 이런 일상 속 관찰에서 시작된다. 식욕과 전반적인 컨디션, 연하 능력과 소화 기능, 치아 상태와 턱관절의 움직임까지. 식사 모습만으로 파악할 수 있다.

한편, 식사 시간 회진은 자신감이기도 하다. 밥이 형편없이 나온다는 평가를 받을 때는 환자분에게 미안하다. "잘 드셔야 합니다."라고 말해놓고 "밥은 이렇게밖에 못 줘요?"라는 말을 듣고 싶지가 않다. 주치의 입장에서 보면 식사의 질은 단순한 서비스 문제가 아니라 치료의 일부다. 영양 상태는 회복력과 직결되고 식사에 대한 만족도는 환자의 전반적인 의료진에 대한 신뢰와도 연관된다.

오늘도 점심은 패스할까 하다가 환자분께서 드시는 식판의 반찬이 맛있게 보여 탕비실에서 비계 가득한 돼지고기 김치찜 한 접시를 얻어왔다. 이런 김치찜은 어디 식당에서도 볼 수 없고 집에서도 먹을 수 없어 염치 불고하고 욕심을 내봤다. 이미 우리 병원 반찬으로도 충분하지만 말이다. 환자와 의료진이 같은 음식을 먹는다는 것, 그 자체로 묘한 연대감이 생긴다.

요양병원에서 식사는 단순한 영양 공급을 넘어선 의미가 있다. 그것은 환자의 전반적인 상태를 파악할 수 있는 가장 일상적이면서도 중요한 지표다. 식사량의 변화는 질병의 진행이나 회복을 알려주는 신호이고 식사 선호도의 변화는 환자의 심리적 상태나 삶의 질을 보여주는 척도가 된다. "오늘은 김치찜을 많이 드셨네요." "어제보다 밥을 더 드시는 것 같은데요." 이와 같은 관찰은 혈액검사나 영상 검사로는 알 수 없는 환자의 미묘한 변화를 포착하는 중요한 정보가 된다.

이런 관찰이 의미를 갖기 위해서는 의료진 간의 체계적인 소통이 필요하다. 병동 간호사가 "어제부터 식사량이 눈에 띄게 줄었어요."라고 보고하면 영양사는 식단 조정을 고려하고 주치의는 전신 상태의 변화를 점검한다. 때로는 사회복지사가 가족이 면회 온 이후로 식사를 더 잘 드신다는 관찰을 통해 환자의 정서적 상태를 파악하기도 한다. 식사라는 일상적 행위 하나로 여러 전문 인력이 협력하여 환자를 이해하고 돌보는 체계가 만들어진다.

영양팀과의 협력은 특히 중요하다. 단순히 칼로리와 영양소 계산을 넘어서 환자 개개인의 상태와 선호를 반영한 맞춤형 식단 제공이 필요하다. 연하곤란이 있는 환자에게는 죽 형태의 식사를, 당뇨 환자에게는 혈당 조절을 고려한 식단을, 말기 환자에게는 입맛을 돋울 수 있는 기호식품까지 고려해야 한다. 그래서 "드시고 싶은 음식이 있으면 말씀해 주세요."라는 질문은 단순한 친절이 아니라 환자 중심 진료의 구체적 실현이다.

식사를 통한 관찰의 전문성은 경험을 통해 축적된다. 평소보다 젓가락질이 어색해 보인다는 간호사의 말에서 뇌졸중 재발의 조짐을 발견하기도 하고 요즘 짠 음식을 자주 찾으신다는 보고에서 미각 변화나 약물 부작용을 의심하기도 한다. 이런 섬세한 관찰력은 하루아침에 생기는 것이 아니다. 수많은 환자를 돌보며 쌓인 경험과 지식, 그리고 환자 한 사람 한 사람에 대한 관심이 만들어내는 전문성이다.

일상 속 작은 순간이 모여 요양병원의 진료 철학을 만든다. 식사 시간 회진의 미묘한 감정, 환자 식판을 보고 환자식을 먹기로 결심한 점심, 탕비실에서 발견한 별미. 이 모든 것들이 어우러져 만들어내는 일상이 곧 환자와 함께하는 여정이다. "점심 드시는데 회진 와서 죄송합니다."라고 말하지만 실은 그 시간이 환자와 의사 모두에게 자연스럽고 따뜻한 만남의 순간이 되기도 한다. 작은 변화라도 놓치지 않고 관찰하며 그들의 삶의 질 향상을 위해 세심하게 배려하는 것. 그렇게 식사 시간이라는 평범한 순간도 환자와 함께하는 동행의 자리가 된다.

판단을 요구받는다는 것

 토요일 아침 9시, 세 번의 응급 전원이 연달아 발생했다. 첫 번째는 코로나로 인공호흡기를 달고 기관절개술을 받았던 환자분이다. 재활 치료를 위해 오셨는데 다시 열이 나고 산소포화도가 떨어졌다. 다제내성균까지 있는 상황에서 하루는 지켜봤지만 더는 지켜볼 여유가 없었다. 밤에 누워도 마음 편히 잠을 잘 수 없는 상태였다. 두 번째는 7년 전 폐암 진단 후 재발로 치료 중인 분이다. 어제 항암치료를 받고 오셨는데 밤새 고열에 가래가 끓었다. 세 번째는 면역항암제 복용 중 호흡곤란이 생긴 분이다. 한쪽 폐에 흉수가 많이 차 있었다.
 이런 순간은 요양병원 의사에게 가장 중요하고 어렵다. 단순히 의학적 지식만으로는 해결되지 않는 복합적인 상황이기 때문이다. 환자의 상태, 가족의 반응, 병원의 역량, 지역 의료 자원의 가용성까지 모든 것을 동시에 고려해야 한다. 밤에 누워도 마음 편히 잠을 자기 어렵다는 말 속에는 요양병원 의사의 현실이 고스란히 담겨 있다. 환자의 상태 변화를 24시간 주시하면서 느끼는 책임감과 부담감, 언제 응급 상황이 벌어질지 모른다는 긴장감.

하지만 그런 긴장감이 있기에 적절한 시점에 상급 병원으로 전원을 보낼 수 있고 환자의 생명을 구할 수 있다. 첫 번째 환자의 경우, 다제내성균이 있다는 것을 알고 있었기에 대학병원에 상황을 정확히 설명할 수 있었고 다행히 이송 승인을 받았다. 두 번째 환자는 항암치료 후 나타나는 전형적인 부작용 양상이었기에 빠른 전원이 가능했다. 세 번째 환자는 보호자가 멀리 사시는 상황이었지만 마침 병원에 와 계셔서 즉시 응급실로 향할 수 있었다.

응급 전원이 잇따르는 바쁜 토요일 오전, 밥도 못 먹고 일하는 병동 선생님들에게 오늘도 수고해 주셔서 감사하다는 인사 밖에는 의사로서 해줄 수 있는 것이 없다. 환자 돌봄에 최선을 다하는 직원들이 없다면 의사 혼자서는 할 수 있는 일이 없다. 간호사가 환자 상태를 정확히 관찰하고 즉시 보고해 줄 때, 간병사가 세심한 변화를 놓치지 않고 알려줄 때, 원무과에서 전원 업무를 신속하게 처리해 줄 때 비로소 환자를 안전하게 다음 단계로 연결할 수 있다.

이처럼 요양병원은 결코 독립적으로 존재할 수 없다. 급성기 병원, 특히 응급실과 중환자실이라는 든든한 백업 시스템이 있어야만 환자들을 안전하게 돌볼 수 있다. 인공호흡기를 달고 기관절개술을 받은 환자가 갑자기 발열하고 산소포화도가 떨어질 때, 폐암 환자가 항암치료 후 고열과 가래로 고생할 때, 흉수가 차서 호흡곤란을 호소할 때, 우리가 할 수 있는 것은 신속하게 상급 의료기관으로 연결해 주는 것이다.

그런데 여기서 가장 아픈 현실과 마주하게 된다. "요양병원에서 믿고 맡길 수 있는 응급실과 중환자실에서 일할 의료진이 없다면 요양병원도 끝장나는 거다." 필수 의료 위기는 대형 병원만의 문제가 아니라 의료 전 영역에 미치는 파급효과가 있다. 요양병원에서 중증 환자를 안전하게 돌보려면 언제든 의지할 수 있는 응급의료 체계가 필요하다. 정책을 펴시는 분들은 꼭 하루 24시간씩 응급실과 중환자실을 경험해 봐야 한다는 간절한 외침이 나오는 이유다.

오늘도 이 땅의 응급실과 응급실 선생님, 그리고 응급의학과 선생님께 감사하는 하루다. 그들이 없다면 요양병원의 존재 자체가 위험해진다. 응급 전원 승인을 받고 격리실도 확보했다는 소식을 들으며 "전원 승인도 받고 게다가 격리실도 있다고 하니 오늘도 운수 좋은 날이군."이라고 혼잣말을 할 수 있는 것도 결국 이런 분들이 계시기 때문이다. 물론 옆에 있는 간호사가 들을 정도의 목소리로 말하지만 그 안에는 진심 어린 안도감이 담겨 있다.

"정거장으로서의 요양병원"이라는 철학이 바로 이런 응급 상황에서 더욱 명확해진다. 우리는 환자가 안전하게 머물다가 다음 여정으로 떠날 수 있도록 돕는 정거장이다. 때로는 더 전문적인 치료를 받을 수 있는 상급 병원으로, 때로는 편안한 일상으로 돌아갈 수 있도록. 그런 연결고리 역할을 제대로 하기 위해서는 순간순간의 올바른 판단이 무엇보다 중요하다. 그리고 그런 판단은 혼자만의 힘으로는 불가능하다. 함께 일하는 동료와의 팀워크, 그리고 든든한 의료 안전망이 있을 때 비로소 가능한 일이다.

함께 치료한다는 것

수요일 오후 2시, 컨퍼런스룸에 하나둘 모여드는 의료진들. 주치의인 내가 먼저 자리를 잡고 병동 간호사 박○○ 님이 환자 차트를 정리하며 들어온다. 곧이어 사회복지사 김○○ 님, 재활치료사 이○○ 님, 영양사 정○○ 님이 각자의 자료를 들고 자리에 앉는다. 치매 환자 최○○ 님을 위한 이번 달 다학제팀 회의가 시작된다. "먼저 간호사님부터 환자 상태 말씀해 주세요." 이렇게 시작되는 대화가 다음 한 달간 환자의 치료 방향을 좌우할 중요한 시간이다.

다학제팀 회의, 줄여서 MDT 회의는 요양병원에서 가장 중요한 의사결정 과정 중 하나다. 한 명의 환자를 중심으로 각 분야의 전문가들이 모여 종합적인 관점에서 치료 계획을 수립하는 시간이다. 환자 한 분 한 분이 서로 다른 출발점에서 와서 각자 다른 목적지로 향하는 여행자라면, 그 여정을 함께 설계하는 것이 바로 MDT 회의의 역할이다.

"지난주부터 섬망 증상이 심해지셨어요. 특히 밤에 돌아다니려고 하시고 화장실이 어디냐고 계속 물어보세요." 박 간호사의 보고로 시작된 논의는 점차 구체적인 문제점들을 드러낸다. 간호사의 관점에서는 환자의 일상 관찰이 가장 중요한 정보이다. 식사량의 변화, 수면 패턴, 배뇨 습관, 다른 환자들과의 관계까지 세밀한 관찰 내용이 쏟아진다. 의학 교과서에서는 배울 수 없는, 실제 생활에서 나타나는 환자의 모습이 생생하게 전달된다.

사회복지사의 발언이 이어진다. "가족분들이 많이 힘들어하시는 상황입니다. 장남분은 '이럴 줄 알았으면 집에서 모셨을 텐데'라고 하시고 며느리분은 '더 이상 어떻게 해야 할지 모르겠다'고 하세요." 환자를 둘러싼 가족의 역학관계, 경제적 상황, 정서적 부담까지 파악하는 것이 사회복지사의 몫이다. 치료는 환자 개인에게만 일어나는 일이 아니라 가족 전체에 영향을 미치는 과정이라는 것을 보여주는 대목이다.

재활치료사의 관점은 또 다르다. "인지 기능은 확실히 떨어지셨지만 신체 기능은 아직 유지되고 있어요. 다만 섬망 때문에 재활 치료에 집중하기 어려운 상태입니다. 차라리 단순한 활동부터 다시 시작해보면 어떨까요?" 기능적 관점에서 환자를 평가하고 현실적으로 달성할 수 있는 목표를 제시하는 것이 재활치료사의 역할이다. 때로는 의사가 놓치기 쉬운 환자의 잠재력을 발견해 주기도 한다.

영양사의 의견도 빼놓을 수 없다. "식사량이 많이 줄었어요. 평소 좋아하시던 반찬도 잘 안 드시고 특히 아침 식사를 거의 안 하세요. 체중도 지난달보다 2kg 감소했습니다." 영양 상태는 모든 치료의 기초가 되는 부분이다. 섬망과 식욕부진의 상관관계, 체중 감소가 전체적인 컨디션에 미치는 영향까지 종합적으로 고려해야 한다.

이렇게 각 전문가의 관찰과 평가가 모아지면 비로소 환자의 전체적인 모습이 그려진다. 단순히 치매 환자라는 진단명으로는 파악할 수 없는, 고유한 개인으로서의 환자가 드러나는 순간이다. 그리고 이 정보들을 바탕으로 구체적인 치료 계획이 수립된다. "일단 섬망 조절을 위해 약물 조정을 해보겠습니다. 다만 너무 진정 효과가 강하면 낙상 위험이 커지니 조심스럽게 접근해야겠어요."

하지만 의학적 처방만으로는 충분하지 않다. "낮 시간대 활동을 늘려서 수면 리듬을 맞춰보면 어떨까요? 간단한 원예 활동이나 음악 청취도 도움이 될 것 같습니다." 재활치료사의 제안에 간호사가 호응한다. "밤에 돌아다니시는 것도 패턴이 있어요. 보통 9시경에 시작되니까 그 시간 전에 미리 화장실 다녀오시도록 하고 간식도 준비해 드리면 좋을 것 같아요."

가족과의 소통 계획도 세워진다. "가족분들께 현재 상황을 정확히 설명해 드리고 섬망이 일시적일 수 있다는 점도 말씀드려야겠어요. 너무 자책하지 마시라고도 하고요." 사회복지사의 말에 모두가 고개를 끄덕인다. 환자 치료만큼이나 가족의 심리적 안정도 중요하다는 것을 모두가 잘 알고 있다.

영양 개선 방안도 논의된다. "좋아하시는 음식이 뭔지 가족분께 물어보고 가능하면 식단에 반영해 보겠습니다. 체중 감소를 막기 위해 영양 음료도 추가로 제공하면 좋겠어요."

영양사의 제안에 주치의가 동의한다. "네, 그리고 비타민 보충제도 처방해 보겠습니다. 전체적인 컨디션 개선에 도움이 될 거예요."

이런 식으로 진행되는 MDT 회의를 통해 종합적인 치료 계획이 완성된다. 의학적 치료, 간호 계획, 재활 목표, 영양 관리,

가족 지원까지 모든 영역이 하나의 그림으로 연결된다. 그리고 이 계획은 다음 회의 때까지 실행되고 평가된다. "그럼 2주 후에 다시 모여서 경과를 점검해 보겠습니다. 각자 담당 영역에서 관찰한 내용들 준비해 주세요."

MDT 회의의 가장 큰 가치는 소통과 협력을 통한 시너지 효과다. 혼자서는 볼 수 없었던 것들이 함께 모이면 보이기 시작한다. "아, 그래서 그런 행동을 보이셨구나.", "그런 관점에서 접근하면 더 효과적일 것 같네요."라는 깨달음들이 연속된다. 각 전문 분야의 경계를 넘나들며 환자를 입체적으로 이해하게 되는 과정이다.

무엇보다 중요한 것은 이런 협력적 접근을 통해 환자와 가족에게 일관된 메시지를 전달할 수 있다는 점이다. "간호사 선생님은 괜찮다고 하는데 의사 선생님은 걱정된다고 하니 누구 말을 믿어야 할지 모르겠어요."와 같은 혼란이 생기지 않는다. 모든 의료진이 같은 정보를 공유하고 일관된 방향으로 치료에 임하기 때문이다.

물론 MDT 회의가 만능은 아니다. 시간과 인력이 많이 소요되고 때로는 이견 조율이 쉽지 않을 때도 있다. 하지만 이런 어려움을 감수하고도 지속하는 이유는 분명하다. 환자 한 분 한

분을 온전한 인격체로 존중하고 그들의 삶의 질을 향상하기 위한 최선의 방법이기 때문이다.

"정거장으로서의 요양병원"이라는 철학은 바로 이런 협력을 통해 현실이 되고 구체화할 수 있다. 각자 다른 배경과 목적지를 가진 환자를 위해 다양한 전문성을 가진 의료진이 힘을 모으는 것. 그리고 그 과정에서 환자와 가족이 안전하고 존엄하게 다음 여정을 준비할 수 있도록 돕는 것. 이것이 진정한 의미의 팀워크이자 요양병원이 추구해야 할 진료의 모습이다.

병원이 자본주의화 된다는 것

나의 작은 욕망이 환자의 더 나은 내일로 이어지길 바라며 전남제일요양병원 개원 10주년을 맞던 어느 날, 직원들에게 전하고 싶었던 슬로건이 하나 떠올랐다. "함께 성!장!하겠습니다." 기존의 "함께 하겠습니다"에서 한 걸음 더 나아간 이 말에는 단순한 동행을 넘어선 진화와 발전의 의지를 담았다. 그런데 문득 이런 생각이 들었다. "과연 요양병원에서 성장이라는 단어를 쓰는 것이 적절할까? 환자의 마지막 여정을 동행하는 곳에서 성장을 논하는 것이 어색하지 않을까?"

하지만 곰곰이 생각해 보니, 성장이야말로 요양병원이 환자에게 제공할 수 있는 가장 중요한 열매였다. 더 나은 의료 서비스, 더 안전한 환경, 더 따뜻한 돌봄을 위한 끊임없는 발전은 병원이 제공할 수 있는 최고의 것이었다. 그리고 그 모든 성장의 중심에는 나의 작은 욕망이 있었다. 좋은 의사가 되고 싶고 좋은 병원을 만들고 싶다는 개인적인 바람 말이다.

자본주의는 개인의 이익을 위한 욕망이 사회 공동체의 이익으로 전환되는 제도라고 한다. 처음에는 이 말이 너무 이론적으로 들렸다. 하지만 요양병원을 운영하면서 이 원리가 현실에서 어떻게 작동하는지 몸소 경험하게 되었다. 더 좋은 의사가 되고 싶다는 나의 개인적 열망이 환자에게는 더 나은 진료로, 직원들에게는 더 안정적인 일터로, 지역사회에는 더 신뢰할 수 있는 의료기관으로 이어지는 과정을 목격했기 때문이다.

개원 초기 몇 년간은 정말 어려웠다. 때로는 회식 한 번 편히 할 수 없을 만큼 재정적으로 힘든 순간도 있었다. 그럼에도 병원 문을 닫을 수는 없었기에 매일 아침 다시 문을 열고 환자를 맞았다. 그때 나를 지탱해 준 것은 단순한 사명감만이 아니었다. 더 나은 병원을 만들고 싶다는 구체적인 욕구, 환자에게 인정받는 의사가 되고 싶다는 현실적인 바람이었다. 이런 개인적 동기가 없었다면 그 순간들을 버텨낼 수 없었을 것이다.

그런데 신기한 일이 일어났다. 나 자신을 위해 노력할수록 환자의 만족도가 높아졌다. 더 좋은 의사가 되기 위해 공부할 수록 진료의 질이 향상되었고 더 좋은 병원을 만들기 위해 투자할수록 환경이 개선되었다. 개인의 성장이 곧 병원의 성장으로, 병원의 성장이 곧 환자의 이익으로 이어지는 선순환 구조가 자연스럽게 형성되었다. 이것이 바로 자본주의의 선순환 메커니즘이 의료 현장에서 구현되는 모습이었다.

물론 의료라는 특성상 시장에만 온전히 맡길 수는 없다는 점도 깨달았다. 환자의 생명과 직결된 영역에서는 공동체의 규제와 감시 기능이 필요하다. 하지만 그것만으로는 충분하지 않다. 규제는 최소한의 안전망을 제공할 뿐, 그 이상의 발전을 끌어내지는 못한다. 진정한 품질 향상은 더 나은 서비스를 제공하려는 자발적 동기에서 나온다. 공적 규제가 안전망을 제공하고 시장의 경쟁이 품질 개선을 이끄는 균형점에서 진정한 의료 발전이 가능하다.

전남제일요양병원의 지난 10년을 돌아보면 이런 선순환 메커니즘이 작동해 온 것을 확인할 수 있다. 초기에는 생존이 목표였지만 점차 더 큰 꿈을 품게 되었다. 단순히 환자를 돌보는 것을 넘어 재활·암·호스피스 분야에서 특화된 서비스를 제공하고 싶었다. 그리고 이제는 감염, 다제내성균, 호흡 재활 같은 중증질환 치료까지 영역을 확장하고 있다. 이 모든 과정에서 개인적 성취욕과 전문가적 자부심이 강력한 동력이 되었다.

직원도 마찬가지였다. 단순히 급여를 받기 위해 일하는 것이 아니라 자신의 전문성을 발휘하고 인정받고 싶어 했다. 그래서 병원의 성장을 직원의 보상과 복지로 직접 연결하여 이를 시스템으로 만들었다. 병원과 직원이 하나의 운명 공동체로 함께 성장해야 하고 직원이 성장하지 않으면 병원도 성장할 수 없다는 단순하지만 명확한 원리를 바탕으로 한 것이다.

하지만 이런 선순환이 자동으로 이루어지는 것은 아니었다. 수많은 시행착오와 실패를 겪었다. 때로는 개인의 욕망이 공동체의 이익과 충돌하는 상황도 있었다. 단기적 수익을 추구하다가 장기적 신뢰를 잃을 뻔한 적도 있었다. 그럴 때마다 원점으로 돌아가 질문했다. 과연 이 선택이 환자에게 도움이 되는가? 이 결정이 우리 모두의 성장으로 이어질 수 있는가?

특히 암 요양 시장에서 겪었던 경험은 이런 성찰을 더욱 깊게 만들었다. 좋은 시설과 좋은 식단으로 경쟁하던 시장이 어느 순간 페이백과 편법으로 변질되었다. 급기야 페이백 자체를 목표로 하는 기관들까지 등장했을 때, 나는 선택의 기로에 섰다. 따라가지 않으면 경쟁에서 밀릴 것이 뻔하였다. 하지만 결국 원칙을 지키는 쪽을 선택했다. 그 결과 암 요양 시장의 주류에서는 밀려났지만 대신 호스피스 완화의료, 전문 재활치료, 감염 관리 등 의료 기능에 더 많이 집중할 수 있게 되었다.

이 과정에서 깨달은 것은 진정한 자본주의 선순환은 단기적 이익이 아닌 장기적 가치 창출에 기반해야 한다는 점이다. 환자를 속이고 제도를 악용해서 얻은 이익은 결코 지속 가능하지 않다. 반면 환자의 건강과 만족을 추구하는 노력은 반드시 보상받게 되어 있다. 시장의 투명성이 높아지고 정보 접근성이 개선될수록 이런 경향은 더욱 뚜렷해질 수밖에 없다.

코로나를 겪으면서 이런 확신은 더욱 강해졌다. 의료 기능 강화라는 시대적 화두가 떠오르면서 의료 서비스에 집중한 병원이 주목받기 시작했다. 꾸준히 의료 기능을 강화해 온 요양병원이 모범 사례로 인정받는 것을 보면서 원칙을 지키며 묵묵히 노력해 온 시간이 헛되지 않았음을 확인할 수 있었다.

지금 생각해 보면, 이런 자본주의의 선순환 메커니즘을 더 일찍 이해했다면 내 인생이 더 행복했을 수도 있겠다는 아쉬움이 든다. 개인의 정당한 욕망을 부정하거나 숨길 필요가 없다는 것, 그런 욕망이 올바른 방향으로 발현될 때 사회 전체에게 도움이 된다는 것을 알았다면 더 자신 있게 목표를 추구할 수 있었을 것이다.

무엇보다 경영의 측면에서 이 의미는 더 크다. 단순히 환자를 돌보는 것을 넘어 지속 가능한 의료 서비스 체계를 만들어가는 일이기 때문이다. 의료진 개인의 성장욕구와 전문가적 자부심, 병원 조직의 발전 의지, 환자와 지역사회의 기대가 하나의 방향으로 모아질 때 비로소 진정한 의료기관이 될 수 있다.

그래서 우리의 슬로건도 "함께 성!장!하겠습니다"가 되었다. 직원의 성장이 병원의 성장으로, 병원의 성장이 환자의 만족으로, 환자의 만족이 다시 직원의 보상으로 돌아오는 지속 가능한 구조. 이것이 바로 우리가 추구하고, 추구해야 하는 자본주의의 선순환이다.

물론 현실은 아직 이상에 미치지 못한다. 여전히 수가의 제약, 인력 부족, 정책의 한계 등 극복해야 할 과제가 산적해 있다. 하지만 방향만큼은 확실하다. 개인의 정당한 욕망과 사회적 책임이 조화를 이루는 지점에서, 환자 중심의 가치로 모든 것이 수렴되는 그 지점에서 우리의 답을 찾아갈 것이다.

나의 작은 욕망이 더 나은 의료 서비스로, 더 안전한 병원으로, 더 행복한 지역사회로 이어지는 선순환. 그것이 바로 내가 꿈꾸는 요양병원의 모습이다. 그리고 그런 꿈을 현실로 만들어가는 과정에서 모두가 함께 성장해 갈 수 있을 것이라 믿는다.

병원을 운영한다는 것

아침에 눈을 뜨면 내가 담당하는 60여 명의 환자 생각이 머리에 스쳐 지나간다. 밤새 별일 없었을까? 이전 병원에서는 80명을 넘게 돌보던 경험 덕분에 "나 혼자 100명도 볼 수 있다"는 자신감으로 개원한 병원이지만 막상 현실은 달랐다. 산술적으로 60명을 1분씩만 봐도 한 시간이 훌쩍 지나간다. 3분씩 차분히 회진하면 오전이 다 사라진다. 그렇다고 3분을 차분한 회진이라고 말할 수 있을까?

어떤 날은 밥벌이의 지겨움처럼 단조로운 회진이 반복된다. 혈압 확인하고 식사량 물어보고 "별 이상 없으시네요."라고 말하며 지나가는 그런 날들. 하지만 거의 매일, 갑작스러운 돌발 상황이 발생한다. 한 사람의 문제를 해결하는 데 1-3시간이 소요되면 그날 다른 59명의 진료 시간은 자연스레 뒤로 밀린다. 그리고 놀랍게도 단 1분도 담당의를 보지 못한 분과, 밤새 3시간 이상 매달린 분이 내는 비용은 거의 같다.

이것이 바로 포괄수가제, 일당 정액수가제가 지닌 근본적 모순이다. 환자 위중도에 따라 하루 1-2만 원 정도의 차등이 있지만 실상은 100점을 쏟든 30점을 쏟든 평균 50점으로 묶인다. 그래서 어떤 환자는 본인 부담 이상을 받고 어떤 환자는 그 몫을 채워 드리지 못한다. 의료진의 양심과 노력이 경제적 가치로 평가받지 못하는 구조적 딜레마가 여기서 시작된다.

"정액 수가가 평균이라면서 왜 평균보다 잘한 경우 보상은 없고 평균보다 못한 경우는 삭감합니까?" 이 질문에 명확한 답을 해줄 수 있는 정책 담당자는 아직 만나지 못했다. 재정을 관리하는 기관은 1분 진료가 아깝다며 그조차 조정하기도 한다. 반대로, 밤새 심폐소생술을 시행하고도 추가 보상을 받지 못하는 의료진은 억울할 수밖에 없다. 수년간 최저임금과 물가는 두 자릿수로 올랐는데 의료수가는 한 해 1-2% 인상하는데 그쳤다. 수입은 통제되고 지출은 시장이 정하는 비대칭적 현실 속에서 요양병원은 버텨나가고 있다.

하지만 그럼에도 회진은 계속된다. 지루한 밥벌이 같다가도 예고 없는 위기에 모든 것이 뒤집힌다. 정책의 모순, 경영의 압박, 환자 돌봄 사이에서 매일 균형을 잡는다. 그러나 변하지 않는 것이 있다. 아픈 이를 끝까지 돌본다는 약속이다.

처음엔 요양병원 회진을 청소, 빨래, 설거지 같은 매일 하는 집안일쯤으로 비유했다. 해도 티가 안 나지만 안 하면 바로 드러나는 일. 그런데 어느 토요일 아침 병동을 돌다 보니, 단순 집안일 정도로 비유하기엔 조금 많이 약하다는 느낌이 들었다. 물론 나한테는 집안일이 더 힘들다.

요양병원 회진은 태풍이 몰려올 것을 대비해 매일 제방을 점검·보수하는 일에 가깝다. 작은 균열을 찾아 메꾸고 약한 부분을 단단히 다져 두지 않으면 어느 날 많은 물에 쓸려갈 수 있다. 회진은 병동 곳곳을 살피며 무너지기 쉬운 곳을 보수하고 약한 부분을 메우는 일이다. 비록 항상 불만이 있던 보호자에게 만족을 드리진 못할지라도 이런 작은 움직임이 갑작스러운 폭우에도 제방이 무너지지 않게 지탱해 줄 거라 믿는다.

"야, 담당의가 환자 안 보면 환자가 죽어."라던 요양병원 선배의 지나가던 가벼운 이야기가 자꾸 되새김질 된다. "환자만 안정적이고 직원 문제만 없으면 얼마나 좋을까?" 하며 소주 한 잔 기울이던 동료의 한숨도 생각난다. 대박 났다던 내과 원장님도 갑자기 환자가 줄어들 때가 있었고, 그때마다 무엇이 부족했는지 점검하며 다시 일어섰다는 이야기가 귀를 울린다.

그런데 정작 가장 큰 문제는 경제적 구조에 있다. 십수 년 전 물가를 기준으로 설정된 정액수가제, 해마다 16일에 달하는 휴일 초과근무수당은 어디에서 나와야 하는지. 환자는 평일 휴일 상관없이 아프고 휴일에 일 시켰으니, 직원은 초과수당 줘야 하는데 환자 보느라 일한 병원에도 비례해서 초과수가 정도는 줘야 하지 않을까?

창가에 놓인 유리병 속 테이블 야자수를 바라본다. 떠나는 직원이 꼼꼼하게 식물 영양제까지 챙겨 주며 남긴 쪽지가 생각난다. "주 2회 정도 물갈이하면서 잎 샤워해 주세요. 영양제는 한 달에 2-3회, 2-3방울씩 넣어주시면 좋아요." 물 주는 방법까지 세심하게 적어둔 배려심이 마음을 뭉클하게 했다.

직원 한 명이 그만두면 그 빈자리는 단순히 한 명의 문제로 끝나지 않는다. 병동 3교대 근무를 돌릴 수 있느냐 없느냐가 걸린, 병원의 운영이 좌우되는 큰 문제가 될 수 있다. 실제로 그 한 명이 없어서 병동을 닫거나 파행 운영한 적도 있었다. 한 명, 한 명이 소중하지만 그 소중함을 급여로 충분히 보상해 주기엔 현실이 녹록지 않다.

"우리 병원에는 당신이 소중합니다." "그래요? 증명해 보세요." "블라블라 비전 어쩌고…. 좋은 병원 저쩌고…." "알겠습니다, 일단 믿어볼게요." "전에 이렇게 해드린다고 했잖아요." "…. 말로만 그런 거였나요?" "이제는 빈말도 안 하시네요." "그만두겠습니다."

좋은 병원 만들어 수입이 늘면 그때 대우를 올리겠다는 약속도 몇 년이 지나면 신뢰를 잃는다. 정부 정책만 봐도 짧은 기간 내에 상황이 좋아질 조짐은 없다. 앞으로가 더 어려울지도 모른다. 그래서 난 앞으로 잘해주겠다는 말도 잘 안 한다.

아니, 못한다. 말이 행동보다 먼저 가는 것을 싫어하다 못해 경멸하는 터라 그저 미안하다고밖에. 그래서 더욱 아쉽다. 떠나는 동지에게 "앞으로 잘해 줄게."라는 빈말조차 쉽지 않은 현실이. 그저 미안하고, 또 고마울 뿐이다.

사장이 겨우 최저임금이나 주고 있다니. 나는 최저임금밖에 못 주는 악덕 업주가 되었다. 그래서 최저임금이라는 말이 참 싫었었다. 받는 사람도 기분이 안 좋겠지만 주는 사람도 기분이 안 좋다. 겨우 최저임금이나 주는 악덕 경영자라니. 이러려고 한 일이 아닌데. "더 주면 되지 않냐?" "그것도 못 줄 거면 문 닫아라." 이렇게 말하던 사람들때문에 상처도 많이 받았다.

누구는 많이 주고 싶지 않을까? 매년 1% 정도씩 올라가는 요양병원 정액 수가, 그마저도 십수 년 전의 상황에 맞춰져 있다. 그에 비해 최근 최저임금은 얼마나 올랐는지 한번 쯤은 생각해 보고 말하라고 이야기하고 싶다.

국가가 좀 세심히 살펴주면 좋겠다. 멱살 잡고 질질 끌고 가지 말고. 넘어져 다친 이는 없는지, 빨리 가려다 깔린 사람 없는지. 말로는 다 표현할 수 없는 복잡한 현실 속에서 병원은 돌아간다. 환자는 여전히 돌봄이 필요하고 남은 직원은 더 큰 책임감으로 각자의 자리를 지킨다.

그럼에도 현실적 운영 전략을 찾아야 한다. 정액수가제의 모순을 인정하면서도 그 안에서 최선을 다하는 방법을 고민해야 한다. 100점을 쏟는 환자와 30점으로 충분한 환자가 섞여 있다면 그 배분을 어떻게 효율적으로 할 것인가. 제방 점검하듯 매일 회진을 돌며 위험 신호를 조기에 감지하고 진짜 위급한 상황에 집중할 수 있는 시스템을 어떻게 구축할 것인가.

요양병원에서의 회진은 단순한 진료 행위를 넘어선다. 그것은 한 사람 한 사람의 일상을 지켜내는 일이고 예측하기 어려운 변화에 대비하는 일이며 무너질 수 있는 곳을 미리 보강하는 일이다.

그 뿐만 아니라 회진은 환자에게 무엇보다 중요한 시간이고 가족에게는 불안과 희망이 교차하는 시간이다. 의료진에게는 예측 불가능한 상황에 대비하며 최선을 다하는 일상이다. 그렇게 병동을 돌며 각자의 자리에서 최선을 다하는 이들을 본다. 간병 여사님, 간호사, 간호조무사 선생님, 치료사 선생님을 비롯한 모든 직원이 각자의 방식으로 이 제방 둑을 지키고 있다.

완벽하지는 않지만 조금씩 더 안전하게, 조금씩 더 편안하게 만들어가려는 노력이 모여 하나의 든든한 제방이 된다. 요양병원이라는 연결의 공간에서 우리는 매일 이런 보이지 않는 노력을 쌓아간다. 화려하지는 않지만 꼭 필요한, 티는 안 나지만 없어서는 안 될 그런 일을.

떠나는 이에게는 새로운 출발을, 남는 이에게는 더 나은 내일이 임하기를 꿈꾸며 우리는 오늘도 이 여정의 중간 기착지에서 각자의 역할을 묵묵히 해나간다. 완벽하지 않은 현실이지만 그 속에서도 서로를 생각하는 마음, 환자를 위하는 마음만큼은 변하지 않는다. 그것이 우리가 이 일을 계속할 수 있는 이유이자, 희망이다.

오늘도 환자를 생각하며 하루를 시작한다. 각자의 이야기를 듣고 아픔을 나누고 희망을 전한다. 그것이 요양병원 의사의 흔한 일상이자, 그럼에도 포기할 수 없는 소명이다. 유리병의 작은 야자수가 자라날 때마다 함께했던 소중한 시간을 기억할 것이다. 그리고 언젠가는 더 나은 환경에서, 더 좋은 대우로 모든 직원과 함께할 수 있는 그날을 꿈꾸며.

3개월을 통해 기대하는 것

"마음이 젊은 의사가 필요하다." 이 말이 절실하게 느껴진 것은 전남제일요양병원 개원 10년 차를 맞으면서부터였다. 요양병원을 운영하며 가장 어려운 것은 시설도 장비도 아니었다. 바로 사람이었다. 단순히 의사면허증을 가진 사람이 아니라 요양병원의 복잡한 현실을 이해하고 환자의 존엄을 지키며 함께 성장할 수 있는 진정한 전문가 말이다. 그런데 현실적으로 대부분의 의사는 요양병원의 복잡한 수가 제도나 경영 현실에 대해 제대로 배울 기회조차 얻지 못한다.

병원이 원하는 의사와 의사가 상상하는 요양병원의 모습 사이에는 여전히 큰 간극이 존재한다. 젊은 의사는 요양병원을 단순한 노인 돌봄의 공간으로 인식하고 경험 많은 의사는 요양병원을 편한 일자리 정도로 생각하는 경우가 많다. 하지만 실제 요양병원은 급성기와 만성기를 아우르는 복합적 의료 역량이 필요한 곳이며 의료와 돌봄, 치료와 경영을 모두 이해해야 하는 종합적 사고가 요구되는 영역이다.

그래서 나는 기다리는 것을 넘어 만드는 것을 선택했다. 하지만 그저 마음이 젊은 의사가 나타나 주기를 막연히 기다릴 수만은 없었다. 이 간극을 메우고 우리가 필요로 하는 인재를 직접 키워내야겠다고 결심했다. 몇 달간의 고민 끝에, 나는 "요양병원 아카데미"라는 이름으로 조금은 특별한 진료과장 초빙 공고를 낼 구상을 했다.

스스로에게 묻지 않은 것은 아니다. "이것이 과연 순수한 교육일까, 아니면 가르침을 가장해 진료를 시키려는 꼼수일까?" 아마 그 둘 사이 어딘가에 있을 것이다. 하지만 분명한 것은 내가 10여 년간 현장에서 깨우친 모든 지식과 경험을 아낌없이 전수하고 싶다는 진심이었다. 80명이 넘는 환자를 돌보던 경험, 전남제일요양병원을 개원하며 겪었던 시행착오, 대한요양병원협회에서 활동하며 배운 정책과 제도의 이해까지.

이 '아카데미'의 목표는 명확하다. 단 3개월이라는 시간 안에, 한 명의 의사를 전국 어느 요양병원에 가도 인정받을 수 있는 전문가로, 나아가 병원 하나를 온전히 책임질 수 있는 경영자급 인재로 키워내는 것이다. 무모한 도전처럼 들릴지 모르지만 체계적인 커리큘럼과 집중적인 현장 교육이 결합한다면 충분히 가능하다고 확신한다.

이를 위해 12주간의 집중적인 교육 과정을 설계했다. 첫째 달은 기초 과정으로 진짜 요양병원 진료의 기본기를 다진다. 1주 차에는 요양병원 진료 개요를 다룬다. 내과, 외과, 가정의학과, 재활의학과, 정형외과 중심으로 요양병원에서 필요한 진료 영역을 총망라한다. 급성기 병원에서 진료와 무엇이 다른지, 만성질환자와 고령 환자의 특성은 무엇인지부터 시작한다. 2주 차와 3주 차는 요양병원의 생명줄인 수가 제도를 완전히 마스터하는 시간이다. 정액수가제의 의료 최고도·고도·중도·경도·선택 입원 군 분류 체계를 이해하고 행위별 수가제의 폐렴·패혈증·출혈·다제내성균 등 각종 질환별 적용 원리를 익힌다. 이론만이 아니라 실제 환자 사례를 통해 수가 산정 과정을 직접 경험하게 한다. 4주 차에는 이 모든 것을 통합하여 요양병원 진료 실무를 마스터한다.

둘째 달은 중급 과정으로 진료 특성화에 집중한다. 5주 차 비급여 관리 및 전략에서는 암 요양 중심의 특화 진료를 다룬

다. 내가 겪었던 암 요양 시장의 변화와 페이백 문제, 그리고 올바른 암 환자 진료의 방향을 생생한 경험담과 함께 전수한다. 6주 차 회복기 의료에서는 아급성기 환자 관리의 핵심을 배운다. 급성기 병원에서 넘어온 환자를 어떻게 안전하게 회복시킬 것인가의 실무를 익힌다. 7주 차는 감염 질환과 호흡기 질환 관리다. 요양병원에서 가장 흔하면서도 위험한 상황에 대한 대응력을 기른다. 다제내성균 관리부터 폐렴, 패혈증까지 실제 치료 프로토콜을 체득한다. 8주 차 생애 말기 의료에서는 말기 암 환자 관리와 호스피스 완화의료의 정수를 배운다. 의학적 치료와 인간적 돌봄이 어떻게 조화를 이룰 수 있는지를 현장에서 직접 경험한다.

셋째 달은 고급 과정으로 경영전략에 집중한다. 이제는 단순한 임상의가 아니라 병원을 책임질 수 있는 리더로서의 역량을 기른다. 9주 차와 10주 차는 병원 매출 전략을 다룬다. 정액 수가 중심의 전략과 행위별 수가 중심의 전략을 각각 심화 학습한다. "정액 수가가 평균이면, 왜 평균보다 잘한 경우 보상은 없고 평균보다 못한 경우엔 삭감합니까?"라는 현실적 질문에 대한 답을 찾아간다. 11주 차 병원 지출 관리 전략에서는 십수 년 전 물가로 설정된 정액 수가와 급등한 최저임금 사이의 현실적 간극을 어떻게 메울 것인가를 고민한다. 24시간 365일 운영되는 병원의 인건비 관리부터 효율적 운영 노하우까지 실무 중심으로 배운다. 12주 차 조직 관리 및 인적자원 전략에서는 "우리 병원에는 당신이 소중합니다."라는 말이 빈말이 되지 않도록 하는 구체적 방법을 익힌다.

물론 이것은 책상에 앉아서 하는 이론 공부가 아니다. 매주 열리는 다학제 컨퍼런스와 경영전략 회의에 직접 참여하고, 때로는 다른 병원을 견학하며 살아있는 지식을 습득하는 과정이다. 오전에는 실제 회진에 참여하며 60여 명의 환자를 돌보는 현실을 체험한다. "산술적으로 60명을 1분씩만 봐도 한 시간이 훌쩍 지나간다. 3분씩 차분히 회진하면 오전이 다 사라진다." 말도 안 되는 현실 속에서 제방 점검하듯 매일 환자 상태를 살피는 노하우를 익힌다.

오후에는 이론 교육과 토론이 이어진다. 실제 환자 사례를 바탕으로 한 케이스 스터디, 수가 청구 실습, 직원 면담 참관, 보호자 상담 동석 등 다양한 실무 경험을 쌓는다. 어떤 날은 밥벌이의 지겨움처럼 단조로운 회진이 반복되지만 어떤 날은 연이어서 돌발 상황이 갑작스럽게 발생하는 요양병원의 현실을 몸으로 체득한다.

특히 중요한 것은 요양병원만의 독특한 환자군에 대한 이해다. 고령자 암 환자의 증가, 90세가 넘어도 항암치료를 하는 시대의 도래, 기존 시장에서 밀려나 새로운 영역을 찾아야 하는 현실 등을 깊이 있게 다룬다. 비급여 위주 암 페이백 시장에서 밀려난 후 다시 의료 기능에 집중할 수밖에 없었다는 개인적 경험을 통해 요양병원의 진로를 함께 모색한다.

교육 과정에는 협회 활동에 대한 이해도 포함된다. "질 향상 지원 사업 자문단 위촉장 수여식 참석" 같은 교육과정을 통해 개별 병원의 한계를 인식하고 집단적 노력의 필요성을 체감한다. 이를 통해 다가올 시대에 요양병원의 경쟁자는 옆의 요양병원이 아님을 깨닫고, 이러한 인식 전환을 통해 요양병원 전체의 미래를 위한 연대 의식을 기른다.

무엇보다 중요한 것은 환자와 가족에 대한 태도다. "점심 드시는데 회진 와서 죄송합니다."라고 말하면서도 식사 모습을 통해 환자 상태를 파악하는 세심함을 기른다. 양은 얼마나 드시는지, 매운 것도 먹는지, 누룽지만 겨우 넘기는지 관찰하며 환자의 전체적 컨디션을 읽어내는 임상 감각을 발달시킨다. 이를 통해 그 어느 때나 환자가 걱정되는 주치의의 마음, 주말 저녁에도 병동을 순례하며 통증, 호흡곤란, 섬망, 열을 확인하는 책임감까지도 자연스럽게 체득하게 된다.

이 과정을 모두 마친 의사는 우리 병원에 남아 함께하거나, 혹은 내가 직접 전국의 다른 요양병원에 병원장급 인재로 추천하여 그 길을 열어준다. 3개월이라는 짧은 시간이지만 10여 년간 축적된 현장 경험이 전달되어 충분히 전문가로 성장했다고 확신하기 때문이다.

이 파격적인 시도는 어쩌면 무모한 도전일지 모른다. 앞서 이야기한 것처럼 "과연 순수한 교육일까, 아니면 가르침을 가장해 진료를 시키려는 꼼수일까?"라는 의문이 들 수도 있다.

하지만 나는 확신한다. 요양병원의 미래는 결국 사람에게 달려있기 때문이다. 마음이 젊은 의사가 요양병원이라는 현장에서 자신의 전문성을 마음껏 펼치고 환자의 존엄을 지키며 병원과 함께 성장할 수 있는 길을 열어주는 것. 그것이 지금 내가 할 수 있는 최선의 투자이자, 우리 모두가 함께 만들어가는 새로운 여정의 시작점을 지키는 유일한 방법이라 믿는다.

요양병원이 종착역이 아닌 연결과 성장의 공간이 되도록 노력하는 것, 그리고 그 공간에서 진정한 전문가들이 함께 꿈을 펼칠 수 있도록 하는 것, 이것이 바로 요양병원 아카데미가 추구하는 궁극적 목표다.

호스피스를 권유한다는 것

호스피스를 권유하는 의사의 말은 치료를 포기하라는 의미일까? 의료 현장에서 종종 마주하게 되는 이 질문은, 지금까지 많은 사람의 마음속에 선명한 불안으로 남아 있다. 호스피스라는 단어에 끝이라는 이미지를 투영하면서 환자와 보호자 모두 그 단어 앞에서 주저하게 되는 것이다.

하지만 호스피스는 치료를 포기하라는 선언이 아니다. 오히려 더 나은 삶을 위한 새로운 치료의 시작일 수 있다. 실제 현장에서는 이런 일들이 벌어진다. 폐암 4기로 타 요양병원에 있다가 코로나19 감염 후 회복되었지만 호흡곤란이 지속되어 우리 병원으로 온 환자분이 계셨다. 호흡곤란으로 제대로 움직이지도 못하면서도 암 식단을 끊임없이 찾으시는 모습에서 삶에 대한 의지를 읽을 수 있었다. 그러다 아침에 호스피스도 문의하셨지만 식은땀을 흘리며 산소포화도가 떨어지는 상황에서 나는 아직 포기할 수 없었다. 보호자도 환자도 아직 포기하지 않았기에 코로나 후유증 치료가 더 필요하다고 판단하여 응급실 전원을 결정했다.

이것이 바로 호스피스 권유가 갖는 복잡성이다. 의사에게는 가야 할 때와 멈출 때를 판단해서 친절한 죽음을 선택하도록 도와야 한다는 요구도 있지만 이는 모든 인간을 영원히 죽지 않고 살아있게 하라는 것만큼 불가능한 일이다. 때로는 진행하는 것이 친절함이고 때로는 멈추는 것이 친절함일 수 있다. 그 경계는 명확하지 않으며 매 순간 선택의 갈림길에서 환자와 보호자, 의료진이 함께 최선의 길을 찾아가야 한다.

또 다른 환자분은 폐암 4기로 뇌 전이가 있어 두 달 전 치료를 시작했는데 반신마비는 호전되었으나 타 요양병원에서 섬망이 심해져 다시 우리 병원으로 오셨다. 1주일이 지났으나 호전 기미가 없는 상황에서 이때가 제일 어려운 순간이다. 이제 선택의 순간이 다가온다.

환자와 보호자의 선택은 그동안의 삶의 경험, 철학, 가족 간의 관계 등 결정 요소가 참 많다. 의료진의 뜻으로 이끌지 않고 죽음에 관한 여러 견해를 포용하면서 그것들을 지지해 주되, 전문가의 견해와 죽음에 대한 경험이 있는 사람으로서 조언을 해주고 최종적인 결론은 받아들여 주는 것, 그것이 친절한 의사가 되기 위한 노력이다.

2004년 전남대학교병원에서 내과 전공의 수련을 시작하며 암 환자를 처음 만났던 때가 생각난다. 그해 화순전남대학교병원이 개원했고 이후 암센터까지 문을 열었다. 당시의 항암 치료는 지금과 비교할 수 없을 만큼 어려운 선택이었다. 항암제라고 해봤자 고가의 세포독성 항암제가 대부분이었기에 70세 이상 고령 환자에게는 치료 자체가 버거운 경우도 많았다.

그 시절, 많은 노인 환자는 본인이 암 환자라는 사실조차 알지 못한 채 치료를 받곤 했다. 의료진은 환자 모르게 치료를 진행해달라는 보호자의 요청을 받는 일이 흔했으며 환자보다는 보호자의 동의를 받고 치료 결정을 내리는 경우가 많았다. 보호자는 암 진단을 듣고 오열했고 의료진은 어떻게 이 사실을 환자에게 전달해야 할지 늘 고민했다.

그로부터 20년의 기간이 흘렀다. 이제는 상황이 달라졌다. 암 진단을 받은 환자 대부분은 병명을 인지하고 있으며 자신의 병기까지 알고 치료에 참여하는 시대가 되었다. 1기에서

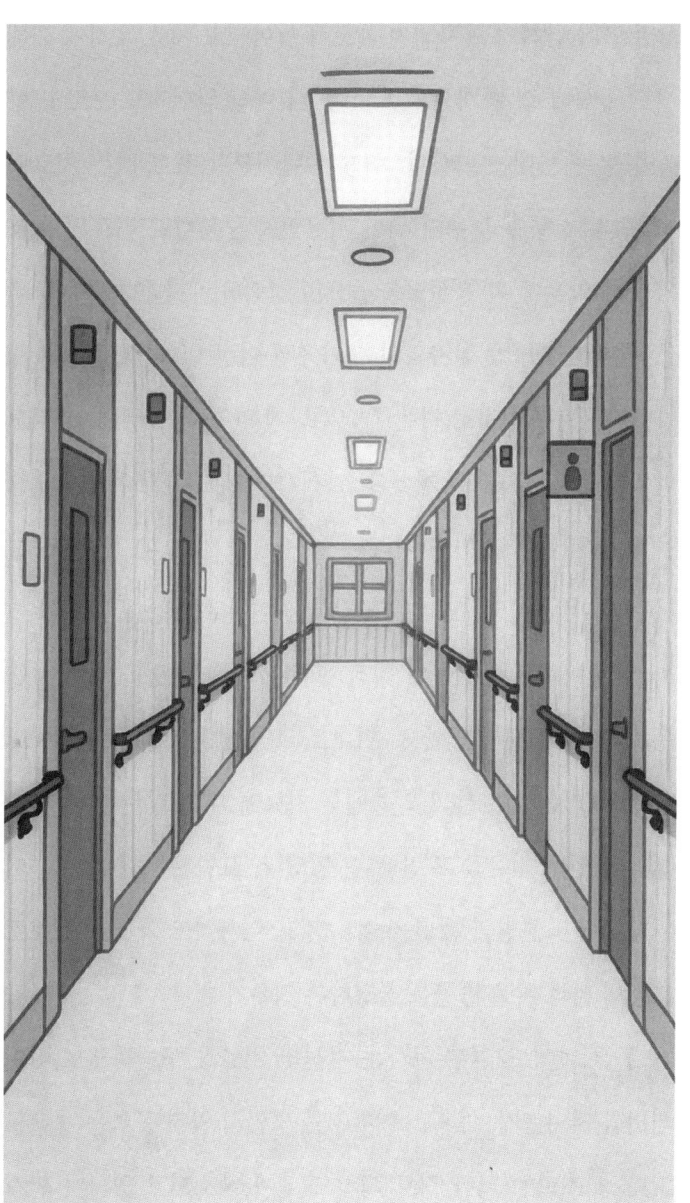

4기, 말기 암까지 환자의 이해도가 높아졌고 치료 목적에 대해서도 인식이 점차 개선되고 있다. 더 이상 암인지도 모르고 항암을 받는 시대는 아니다. 이제는 완치를 목표로 하는 치료인지, 병의 진행을 늦추기 위한 치료인지 구분하고 치료의 효과와 기대 예후에 관해 설명을 들으며 선택하는 시대다.

실제로 재발암 환자와의 대화에서 이런 변화를 느낄 수 있다. "다시 수술하자고 하는데 교수님께 안 한다고 했어요."라고 말씀하시는 환자분이 계셨다. 자세히 들어보니 교수님께 수술을 안 받겠다는 것이 아니라 수술 자체를 안 한다고 말씀드렸다는 뜻이었다. "다 드러내고 갖다 붙여야 한다는데 아이고 벌써 세 번이나 수술했는데 이젠 못 하겠어요. 연명을 위한 수술은 이제 받고 싶지 않아요. 이대로 그냥 신앙생활 하면서 살고 싶어요."라는 환자분의 말씀에서 치료에 대한 깊은 이해와 자신만의 선택 기준을 확인할 수 있었다. 요즘은 많은 환자분이 완치, 완화, 연명의 개념을 어느 정도 이해하고 계시고 스스로 자신의 삶과 치료 방향을 결정하는 경우가 많다.

물론 아직도 일부 환자는 자신의 치료가 구체적으로 어떤 의미를 지니는지, 예후는 어떤지를 명확히 알지 못하는 경우도 있다. 하지만 이러한 정보 격차도 점차 해소되고 있으며 환자의 인식이 향상되는 가운데 이제는 다음 단계의 질문에 직면하게 된다. **"더 이상 항암이 어려울 때, 우리는 어떻게 해야 하는가?"** 이 질문은 단지 의료의 영역을 넘어서 한 인간의 마지막 삶의 질과 존엄을 고민해야 하는 철학적 질문이기도 하다.

현장에서는 이런 복잡한 상황들이 연일 벌어진다. 췌장암 진단을 받고 항암 중인 환자분이 가슴에 따뜻한 물병을 품고 복도 의자에 웅크리고 계시다가 회진하고 있는 나를 부르며 "너무 아파요, 안 아프게 해주세요."라고 호소하신다. "가슴이 너무 아파요. 먹을 수가 없어요. 먹고 싶어요."라고 몇 마디 더 하시다가 이제 울먹이시며 결국 눈물까지 흘리신다. 이런 순간에 의료진이 할 수 있는 것은 환자의 아픔에 공감하고 현재 할 수 있는 것과 할 수 없는 것을 솔직히 설명하며 앞으로 일어날 일들을 우리 의학이 아는 범위에서 이야기해 주는 것이다.

생각해 보면 완화치료에 대한 안내와 호스피스 서비스에 대한 설명은 암 초기부터 함께 이루어지는 것이 맞다. 그러나 현실은 그렇게 녹록지 않다. 암 진단을 받는 순간 환자와 보호자는 완치를 위한 치료 계획 수립과 수행에만 몰두하게 되고 완화의료와 호스피스는 후순위로 밀려나기 일쑤다. 게다가 치료가 가장 중요한 시기에 호스피스를 이야기하는 것은 오히려 환자와 보호자의 심리적 불안을 자극할 수 있다는 점에서 의료진도 조심스러울 수밖에 없다.

하지만 현실적 제약에도 불구하고 암 진단 초기부터 완화의료와 호스피스에 대해 환자와 보호자가 자연스럽게 정보를 접하고 준비할 수 있도록 하는 노력은 필요하다. 실제로 어떤 논문에 따르면 완화의료를 조기에 병행한 암 환자가 그렇지 않은 환자보다 예후가 더 좋았다는 결과도 있다. 이는 호스피스가 단순히 죽음을 준비하는 치료가 아니라 삶의 질을 지키고 환자의 고통을 줄이며 남은 시간을 의미 있게 살아갈 수 있도록 돕는 중요한 치료라는 점을 명확히 보여준다.

과거에는 모르고 치료받는 환자가 주류였다면 이제는 암이라는 사실을 알고 병기를 이해하며 치료 목적까지 파악하는 환자로 이동하고 있다. 그러나 아직도 많은 환자와 보호자가 말기 상황을 준비하지 못한 채 치료를 이어가다 호스피스를 억지로 받아들이는 경우가 대부분이다.

호스피스는 어느 날 갑자기 찾아오는 것이 아니라 암 진단과 함께 자연스럽게 설명되어야 할 과정의 일부이다. 호스피스가 두려운 단어가 아니라 내가 준비할 수 있는 선택지로 받아들여질 수 있도록 우리 모두의 인식 전환이 필요하다. 그런 시대를 향한 발걸음, 이제 함께 시작해야 한다.

 이제는 다음 단계로 나아가야 한다. 호스피스에 대해 미리 안내를 받고 말기라는 상황을 준비할 수 있는 시대. 그리고 더 나아가서는 학생들이 학교 교육 과정에서 '웰다잉(well-dying)'을 배우는 문화. 이것이 바로 우리가 지향해야 할 미래의 의료, 그리고 사회의 모습이다.

소원과 작별,

그 사이 어디에

당신의 마지막 바람은 무엇입니까

"선생님, 저 혹시 마지막으로 하나만 부탁드려도 될까요?" 호스피스 병동에서 환자들이 조심스럽게 꺼내는 이 말에는 특별한 무게가 담겨 있다. 그것은 단순한 요청이 아니라 삶의 마지막을 스스로 선택하고 의미 있게 마무리하고 싶다는 간절한 소망의 표현이다. 전남제일요양병원 호스피스 완화의료센터에서는 이런 환자들의 마지막 바람에 귀를 기울이며 '소원 성취 프로그램'이라는 특별한 돌봄을 실천하고 있다. 이는 치료 중심에서 돌봄 중심으로, 연명에서 존엄으로 패러다임을 전환한 호스피스 철학의 구체적 실현이다.

소원 성취 프로그램이 시작된 배경에는 깊은 성찰이 있었다. 말기 환자들을 돌보면서 의료진이 깨달은 것은 생명 연장만이 의료의 목표가 아니라는 점이었다. 환자들이 진정으로 원하는 것은 고통 없는 마지막이었고 자신의 삶을 정리할 수 있는 시간이었으며 사랑하는 이들과 함께할 기회였다. 그런 바람 앞에서 의료진은 단순한 치료자가 아닌 동행자가 되어야 한다는 깨달음을 얻었다. 환자의 소원을 듣고 그것을 현실로 만들어가는 과정에서 진정한 의미의 완화의료가 시작된다.

환자들이 말하는 소원의 스펙트럼은 생각보다 넓다. 어떤 이는 오랫동안 떠나있던 고향집을 한 번 더 보고 싶어 하고 어떤 이는 가족과 함께 사진 한 장을 남기고 싶어 한다. 평생 농사지었던 논밭의 흙냄새를 다시 맡고 싶다는 분도 있고 손자와 함께 공놀이를 하고 싶다는 할아버지도 있다. 겉보기에는 소소해 보이는 이런 바람들이지만 그 안에는 한 사람의 삶 전체가 압축되어 있다. 집은 단순한 공간이 아니라 추억과 사랑이 깃든 터전이고 사진은 기록이 아니라 영원히 함께하고 싶다는 약속이며 논밭은 일터가 아니라 자신의 존재를 증명하는 무대였다.

이런 소원들을 실현하기 위해서는 체계적인 준비가 필요하다. 먼저 환자의 건강 상태를 면밀히 평가하여 외출이 가능한지 판단해야 한다. 이동 중에 발생할 수 있는 응급 상황에 대비한 의료진 동행, 구급 차량 준비, 응급약품 휴대 등 안전 계획을 수립한다. 가족과의 충분한 상의를 통해 소원의 구체적 내용과 일정을 조율하고, 필요한 경우 외부 기관과의 협력도 진행한다. 전남제일요양병원은 이런 과정에서 바람호스피스지원센터와 긴밀히 협력하고 있다. 차량 지원, 이동 보조, 프로그램 기획 등에서 전문적인 도움을 받으며 혼자서는 할 수 없는 일들을 함께 만들어가고 있다.

소원 성취 프로그램의 진정한 가치는 결과보다 과정에 있다. 환자의 바람을 들어주는 것도 중요하지만 그 과정에서 환자가 느끼는 존중과 배려가 더욱 소중하다. "저의 마지막 소원을 이렇게 진지하게 들어주시는군요."라고 말하는 환자의 표정에서 우리는 진정한 의료가 무엇인지를 다시 배운다. 의료진도 이 과정을 통해 변화한다. 단순히 질병을 치료하는 것이 아니라 한 사람의 인생을 함께 마무리해 간다는 책임감과 보람을 느끼게 된다. 그리고 그런 경험이 쌓일수록 호스피스 돌봄의 본질에 더 가까워진다.

가족들에게도 소원 성취 프로그램은 특별한 의미가 있다. 환자는 평소 표현하지 못했던 자신의 마음을 표현하고 가족은 그 마음을 함께 이루어가는 과정에서 더 깊은 유대감을 형성한다. "아버지가 이런 걸 원하셨구나." "어머니의 마지막 소원을

들어드릴 수 있어서 다행이다." 이러한 가족의 말은 단순한 감사 이상의 의미를 담고 있다. 그것은 사랑하는 이의 마지막을 함께할 수 있었다는 위로이자 이별 후에도 간직할 수 있는 아름다운 기억이다.

물론 모든 소원이 실현될 수 있는 것은 아니다. 환자의 건강 상태, 가족의 상황, 현실적 제약 등으로 인해 포기해야 하는 경우도 있다. 그러나 중요한 것은 그 소원을 진심으로 들어주고 가능한 범위 내에서 최선을 다한다는 것이다. 때로는 원래 계획과 다른 방식으로라도 그 마음을 헤아려주는 것만으로도 환자에게는 큰 위로가 된다. 멀리 여행을 가지 못한다면 병원 마당에서라도, 복잡한 행사를 하지 못한다면 간단한 모임이라도, 그 진심만은 전달될 수 있다.

소원 성취 프로그램을 통해 삶의 마지막은 절망이 아니라 희망이고 그를 넘어 완성의 시간이 될 수 있다는 것을 깨닫는다. 환자는 자신의 소원을 이루며 삶을 정리하고 사랑하는 이들과의 관계를 확인하며 평화로운 마음으로 마지막을 준비한다. 그리고 그 과정을 지켜보는 이들도 삶과 죽음에 대해 더 깊이 생각하게 된다. 죽음은 끝이 아니라 또 다른 형태의 시작이며 마지막까지 의미있는 삶을 살 수 있음을 깨닫는다.

이제 환자들에게 "마지막 소원이 뭐냐"고 물으면 그들은 주저하지 않고 답한다. "집에 가보고 싶어요." "가족과 사진을 찍고 싶어요." "손자와 놀고 싶어요." 그런 소박한 바람들이 하나씩 현실이 되어가는 것을 보며 의료진도 환자도 가족도 모두가 함께 성장한다. 소원 성취 프로그램은 단순한 서비스가 아니라 호스피스 돌봄의 철학을 실천하는 구체적 방법이다. 그리고 그 시작은 항상 같은 질문에서 출발한다.

"당신의 마지막 바람은 무엇입니까?"

사진 한 장 남기고 싶습니다

"우리 가족, 사진 한 장 남기면 좋겠어요." 호스피스 병동에 입원한 말기 암 환자 김○○ 님이 조심스럽게 꺼낸 말이었다. 그 짧은 한마디는 단순한 바람처럼 들릴 수 있었지만 병동에 함께 있는 이에게는 깊은 울림이 있었다. 삶의 끝자락에서 가족과 남기는 마지막 기록. 그것은 단지 사진 이상의 의미를 담고 있었다. 말기 환자에게 가족사진은 삶의 증명이자 이별의 준비였다. 그리고 남겨질 가족에게는 영원히 간직할 수 있는 마지막 선물이었다.

김○○ 님의 소원을 들은 순간, 의료진의 마음은 무거워졌다. 환자분의 상태를 고려할 때 과연 외출이 가능할지, 어찌 외출은 한다고 해도 촬영 과정에서 무리가 가지 않을지 걱정이 앞섰다. 하지만 환자분의 간절한 눈빛을 보며 의료진은 마음을 다잡았다. "어떻게든 해드리자. 이것이 우리가 해드릴 수 있는 마지막 선물이다." 호스피스 완화의료센터 팀은 즉시 회의를 열었고 사회복지사, 간호사, 의사가 모여 구체적인 계획을 세우기 시작했다. 환자의 컨디션, 이동 경로, 촬영 장소, 응급 상황 대비책까지 하나하나 점검했다.

첫 번째 과제는 촬영 장소를 정하는 것이었다. 병원에서 간단히 촬영할 수도 있지만, 환자분과 가족의 마음을 헤아려 제대로 된 사진관에서 촬영하기로 했다. 광주의 한 사진관과 연락을 취했고 사정을 설명하자 사진관 사장님도 흔쾌히 협조해 주었다. "이런 의미 있는 촬영이라면 최선을 다해드리겠습니다." 촬영 시간은 환자의 체력을 고려해 오전 중으로 정했고 만약의 상황에 대비해 간호사가 동행하기로 했다. 바람호스피스 지원센터에서도 이동 차량과 동행 봉사자를 지원해 주었다.

촬영 이틀 전, 환자분은 갑자기 불안해하기 시작했다. "괜히 폐를 끼치는 건 아닐까요? 그냥 여기서 찍으면 안 될까요?" 가족들도 마찬가지였다. 특히 며느리는 "혹시 아버님께 무리가 가면 어떡하죠?"라며 걱정을 표했다. 이런 불안을 달래기 위해 담당 간호사가 환자 침상을 자주 찾았다. "괜찮으세요. 저희가 모든 준비를 다 했고 무엇보다 아버님의 소중한 소원이잖아요. 가족들도 얼마나 기다리고 계시는지 몰라요." 조금씩 마음이 진정된 환자분은 이왕 하기로 한 것 제대로 해보자며 다시 의욕을 보였다.

촬영날 아침, 병실 분위기는 특별했다. 평소와 달리 병실에 도착한 가족들은 일찍부터 정성스럽게 준비한 모습이었다. 단정한 한복을 입은 부인에 맞춰 환자분 또한 오랜만에 정장을 차려 입었다. 자녀들도 모두 깔끔하게 옷을 맞춰 입고 왔다. "아버지, 오늘 정말 멋지세요.", "어머니도 한복 입으시니까 예쁘세요." 서로 오고가는 이야기 속에 병실에 웃음꽃이 피었다. 환자분도 거울을 보며 "이래도 되나?" 하며 수줍어했지만 표정은 한층 밝아졌다. 간호사가 "정말 멋진 가족이세요. 사진 잘 나올 것 같아요."라고 격려하자 환자분은 "고맙습니다. 덕분에 좋은 추억 만들겠어요"라고 답했다.

사진관으로 가는 길은 조용했지만 따뜻했다. 차창 밖 풍경을 바라보는 환자분의 눈빛에는 그리움과 설렘이 교차했다. "이렇게 밖에 나온 게 얼마만인지 모르겠네." 가족들도 긴장한 표정이었지만 환자분의 편안한 모습을 보며 점차 안심하는 기색이었다. 동행한 간호사는 계속 환자분의 상태를 체크했다.

혈압, 맥박, 호흡 모두 안정적이었다. 바람호스피스지원센터 봉사자도 "날씨도 좋고 정말 촬영하기 좋은 날이네요."라며 분위기를 부드럽게 만들어주었다.

사진관에 도착했을 때의 첫인상은 잊을 수 없다. 환자분이 사진관 문을 들어서는 순간, 그의 표정은 완전히 달라졌다. 병실에서의 무력감과 불안함이 아니었다. 가족의 중심으로서 느끼는 자부심과 존재감이 느껴졌다. 사진관 사장님도 "어르신, 정말 멋지게 오셨네요. 최고의 사진 찍어드릴게요."라며 환영했다. 촬영 세팅을 보는 환자분의 눈빛이 반짝였다. "이렇게 제대로 된 곳에서 사진을 찍다니." 가족들도 사진관의 전문적인 분위기에 감탄했다.

촬영 과정은 생각보다 순조로웠다. 사진사는 환자분의 상태를 배려해 의자를 준비해 주었고 조명도 부드럽게 조절해 주었다. 첫 번째 촬영은 환자분 혼자였다. "아버지만 먼저 한 장 찍을게요." 카메라 앞에 선 환자분의 모습은 당당했다. 평소 병실에서 보던 모습과는 전혀 달랐다. 두 번째는 부부 사진이었다. 50년을 함께한 부부의 손을 잡은 모습에서 깊은 사랑이 느껴졌다. 세 번째는 온 가족이 함께였다. 환자분을 중심으로 둘러선 가족의 모습은 그야말로 행복 그 자체였다.

"자, 이제 가장 중요한 사진이에요. 모두 아버님을 바라보세요." 사진사의 말에 따라 가족 모두가 환자분을 바라보는 순간, 셔터가 눌렸다. 그 순간 모든 이의 눈가가 촉촉해졌다. 카메라에 담긴 것은 단순한 가족의 모습이 아니었다. 그것은 한 가족의 사랑, 아버지에 대한 존경, 그리고 마지막까지 함께하고 싶다는 간절한 마음이었다. 환자분도 "이렇게 좋은 사진을 찍다니, 정말 고맙습니다."라며 눈물을 글썽였다.

촬영이 끝난 후, 사진을 확인하는 시간은 그 어느 때보다 감동적이었다. 하루 동안 찍었던 사진을 한 장 한 장 넘겨보며 가족 모두가 탄성을 질렀다. "와, 정말 잘 나왔네요." "아버지 표정이 정말 좋으세요." "우리 가족 이렇게 예뻤구나." 환자분은 한동안 말을 잇지 못했다. 그리고 조용히 말했다. "이걸로 충분해요. 다 했어요." 그 한마디에는 만족과 감사, 그리고 평안이 담겨 있었다. 사진사도 "정말 아름다운 가족이세요. 이런 사진 찍어드릴 수 있어서 영광이었습니다."라고 말했다.

병원으로 돌아가는 길, 환자분은 계속 사진 이야기를 했다. "사진관 사장님이 정말 친절하더라." "우리 가족이 이렇게 예쁘게 나올 줄 몰랐다." "이 사진 병실에 걸어놔야겠다." 가족들도 이야기꽃을 피웠다. "정말 잘 찍었다." "나중에 이 사진 보면

서 아버지 생각할 거예요." 동행한 간호사도 한 마디 덧붙였다. "정말 의미 있는 시간이었어요. 저도 감동했습니다." 환자분의 얼굴에는 성취감과 만족감이 가득했다.

며칠 뒤 인화된 사진이 병원으로 배송되던 날, 사진을 받아 든 병실의 분위기는 이전과는 완전히 다른 모습이었다. 벽에 걸린 가족사진을 보며 환자분은 매일 미소를 지었다. 면회 온 가족들도 사진을 보며 그날의 추억을 되새겼다. "아버지, 이 사진 정말 잘 나왔어요." "우리 집에도 한 장 걸어 놓을게요." 다른 환자와 보호자도 사진을 보며 말했다. "정말 예쁘게 찍으셨네요." "부럽습니다." 환자분은 자랑스럽게 다른 이들에게 사진을 소개했다. "우리 가족이 찍은 마지막 사진이에요."

의료진에게도 이 경험은 특별했다. 담당 간호사는 "환자분이 사진관에서 웃으시는 모습을 보며 우리가 정말 의미 있는 일을 하고 있다는 걸 느꼈어요."라고 말했다. 의사도 "단순히 병을 치료하는 것이 아니라 환자분의 삶을 존중하는 것이 진짜 의료라는 걸 배웠습니다."라고 소감을 밝혔다. 사회복지사는 "가족의 사랑을 확인할 수 있는 소중한 시간이었어요. 이런 프로그램이 더 많아졌으면 좋겠어요."라고 말했다.

환자분은 이후로도 계속 그 사진 이야기를 했다. "내 소원을 이렇게 들어주셔서 정말 고맙다. 이 사진 하나면 충분하다."며 계속 감사 인사를 했다. 가족들도 "아버지의 마지막 소원을 들어드릴 수 있어서 다행이었습니다. 평생 간직할 보물 같은 사진이에요."라고 반복해서 말했다.

고향 땅 한 번 밟아보고 싶습니다

"선생님, 저 혹시 우리 논밭에 한 번만 가볼 수 있을까요?" 박○○ 님이 조심스럽게 꺼낸 소원이었다. 평생을 농사와 함께 살아온 그에게 논밭은 단순한 일터가 아니었다. 그곳은 젊은 시절 온 가족이 함께 땀 흘렸던 터전이었고 자식을 키워낸 삶의 무대였으며 자신의 존재를 증명하는 무언의 증거였다. 호스피스 병동에 입원한 지 두 달째, 환자분은 거의 매일 창밖을 바라보며 "지금쯤 벼가 얼마나 자랐을까?", "올해 농사는 잘됐을까?" 하고 중얼거렸다. 그런 모습을 지켜본 가족들의 마음도 무겁기는 마찬가지였다.

박○○ 님의 소원을 들은 담당 의료진은 처음에는 걱정이 앞섰다. 환자분의 상태가 그리 좋지 않았기 때문이다. 체력도 많이 떨어진 상태였고 장거리 이동에 따른 위험도 적지 않았다. 하지만 환자분이 논밭 이야기를 할 때만큼은 눈빛이 살아나는 것을 보며 의료진은 마음을 굳혔다. "어떻게든 해드리자. 평생을 땅과 함께 사신 분이 마지막으로 그 땅을 밟고 싶다고 하시는데." 바람호스피스지원센터와의 협의를 통해 장성까지의 이동 계획을 세우기 시작했다. 왕복 2시간이 넘는 거리였지만 환자분의 간절함 앞에서 모든 것을 준비하기로 했다.

가장 먼저 해결해야 할 과제는 환자분의 안전이었다. 이동 중 응급 상황에 대비해 산소통과 응급약품을 준비했고 의료진이 직접 동행하기로 했다. 논밭까지 차량 접근이 어려울 수 있어 휠체어도 준비했다. 가족들과의 상의도 중요했다. 아들은 "아버지 몸이 걱정되지만 그래도 아버지가 그렇게 원하신다면 모시고 가겠습니다."라고 말했다. 며느리는 "혹시 무리가 되면 언제든 돌아오세요."라며 걱정을 표했다. 환자분만은 "걱정하지 마라. 내가 평생 다닌 길인데 뭐가 위험하겠냐."라며 오히려 가족들을 안심시켰다.

전날 밤, 환자분은 잠을 설쳤다. 간호사가 병실을 찾았을 때, 환자분은 창밖을 바라보며 "내일 날씨가 좋았으면 좋겠는데."라고 중얼거리고 있었다. "어르신, 잠 못 주무세요?" "내일 생각하니까 잠이 안 오네. 얼마 만에 논밭에 가보는지 몰라." 간호사는 "걱정하지 마세요. 날씨 예보도 좋고 모든 준비가 다 되어 있으니까요."라며 환자분을 안심시켰다. 그제야 환자분은 "고맙다. 덕분에 좋은 추억 만들겠어."라며 눈을 감았다.

    출발 당일은 정말 날씨가 좋았다. 따뜻한 봄 햇살이 내리는 완벽한 날이었다. 환자분은 평소보다 일찍 일어나 단정히 옷을 차려입었다. 그렇다고 비싸고 좋은 옷을 입은 것도 아니다. "오늘은 농부답게 입어야지."라며 수수한 작업복을 입은 모습이 인상적이었다. 아들과 며느리도 일찍 와서 준비를 도왔다. 바람호스피스지원센터에서 온 봉사자와 의료진까지, 총 6명이 함께 장성으로 향했다. 차에 타는 환자분의 표정은 설렘 그 자체였다. "이렇게 멀리 나가는 게 얼마 만인지 모르겠네."

    화순에서 장성까지 가는 길, 환자분은 계속 창밖을 바라봤다. 논밭이 보일 때마다 "저 벼 참 잘 자랐네.", "저기는 고추밭인가 보네." 하며 이야기했다. 평소 병실에서는 볼 수 없었던 생기 넘치는 모습이었다. 아들도 "아버지가 이렇게 좋아하시는 모습 보니까 정말 잘 결정한 것 같아요."라고 말했다. 동행한 간호사는 계속 환자분의 상태를 체크했는데 혈압과 맥박 모두 안정적이었다. 오히려 평소보다 더 좋아 보였다.

드디어 목적지에 도착했다. 마을 입구에서부터 환자분의 표정이 달라지기 시작했다. "아, 우리 동네다. 저기 느티나무가 그대로 있네." 논밭이 가까워지자 환자분은 차에서 내리겠다고 했다. 휠체어를 준비했지만 환자분은 "아니다, 내 발로 걸어가겠다."며 천천히 걸어 나갔다. 가족들이 양쪽에서 부축했지만 환자분의 걸음걸이는 생각보다 안정적이었다. "이 길을 얼마나 많이 걸어봤는데."

논밭에 도착한 순간, 환자분은 한동안 말을 잇지 못했다. 푸른 벼가 바람에 흔들리는 모습, 멀리 보이는 산, 그리고 발밑의 흙까지 모든 것이 그리웠던 풍경이었다. "아, 이 냄새다. 이 흙냄새." 환자분은 몸을 굽혀 흙을 한 줌 집어 들었다. 그리고 깊이 냄새를 맡았다. "이 냄새를 얼마나 그리웠는지 몰라." 가족들도 감동한 표정이었다. 아들은 "아버지가 이렇게 행복해하시는 모습 보니까 가슴이 뭉클해요."라고 말했다.

논둑을 따라 천천히 걸으며 환자분은 옛이야기를 들려주었다. "여기서 너희들 어릴 때 물고기 잡고 놀았지!" "저기서 어머니가 점심 가져와서 같이 먹었는데." "이 논에서 나온 쌀로 너희들 다 키웠어." 가족과 나누는 짧은 대화 속에는 세월과 수고, 그리고 정이 고스란히 배어 있었다. 동행한 봉사자도 "정말 아름다운 풍경이네요. 여기서 평생 농사지으신 거예요?"라고 묻자, 환자분은 자랑스럽게 "그럼, 50년 넘게 여기서 농사지었지."라고 답했다.

논밭 한쪽에는 작은 매화나무가 있었다. 환자분이 젊은 시절 직접 심은 나무였다. "이 나무도 이렇게 컸구나." 가지에는 아직 꽃이 피지 않았지만 새순이 돋아나고 있었다. 환자분은 가지 하나를 조심스럽게 꺾었다. "이거 가져가도 되겠지?" 아들이 "당연하죠, 아버지가 심으신 나무인데."라고 답하자, 환자분은 환하게 웃었다. "꽃을 든 남자네."라는 며느리의 농담에 모든 이들이 웃음을 터뜨렸고 그 소리는 논밭에 퍼져 나갔다.

잠시 논밭 가장자리에 앉아 휴식을 취하는 시간도 가졌다. 따뜻한 햇살 아래서 가족과 함께 도시락을 나눠 먹었다. "밖에서 먹는 밥이 이렇게 맛있을 줄 몰랐네." 환자분의 식욕도 평소보다 좋아 보였다. 간호사가 "어르신, 컨디션이 정말 좋아 보이세요."라고 말하자, 환자분은 "그럼, 고향 땅을 밟았는데 몸이 좋아지지 않겠나."라며 웃었다. 그 순간 모두가 함께 느꼈다. 이곳이 환자분에게 얼마나 소중한 곳인지를.

돌아갈 시간이 되자 환자분은 아쉬워했다. "좀 더 있으면 안 될까?" 하지만 건강을 생각해 적당한 시간에 출발하기로 했다. 차에 타기 전, 환자분은 다시 한번 논밭을 바라봤다. "잘 있어라. 고마웠다." 그러고는 그곳에서 꺾어 온 매화 가지를 소중히 가슴에 안았다. "이거 병실에 걸어놔야겠어." 차에서도 계속 창밖을 바라보며 "정말 잘 다녀왔다."고 반복해서 말했다.

병원으로 돌아가는 길, 환자분은 피곤할 법도 한데 오히려 더 생기가 넘쳤다. "오늘 정말 좋은 하루였어. 덕분에 마음이 편해졌어." 동행한 모든 이가 감동했다. 간호사는 "환자분이 이렇게 행복해하시는 모습 보니까 우리도 기뻐요."라고 말했다. 봉사자도 "정말 의미 있는 시간이었습니다. 함께할 수 있어서 영광이었어요."라고 소감을 밝혔다.

병원에 도착한 후에도 환자분의 기분은 계속 좋았다. 매화 가지를 병실 벽에 걸어 놓고 다른 환자에게 오늘의 경험을 자랑스럽게 이야기했다. "오늘 우리 논밭에 다녀왔어. 벼가 정말 잘 자라고 있더라고." 다른 환자도 "부럽네요.", "정말 좋았겠어요."라며 함께 기뻐해 주었다. 다른 간호사도 "어르신이 이렇게 밝아지시니까 저희도 기분이 좋아요."라고 말했다.

그날 밤, 환자분은 평소보다 깊이 잠들었다. 며칠 동안 계속되던 불면도 사라졌다. 담당 간호사는 "정말 신기해요. 어르신이 이렇게 편안하게 주무시는 모습 보니까 오늘 외출이 정말 좋은 선택이었던 것 같아요."라고 말했다. 환자분도 "마음이 편해졌어. 이제 후회 없이 갈 수 있을 것 같아."라고 말했다.

이후 며칠 동안 환자분은 계속 그날 이야기를 했다. "우리 논밭 벼가 정말 잘 자라고 있어." "매화나무도 새순이 나고 있고." "고향 흙냄새가 아직도 코에 남아 있어." 가족들도 "아버지가 이렇게 좋아하셔서 다행이에요.", "정말 잘 다녀온 것 같아요."라며 만족해했다. 의료진도 "환자분의 정신적 안정에 정말 도움이 된 것 같아요."라고 평가했다.

논밭에서 가져온 매화 가지는 며칠 후 작은 꽃을 피웠다. 환자분은 그 꽃을 보며 "이 꽃이 우리 논밭에서 온 거야. 고향에서 온 선물이지."라며 기뻐했다. 그 작은 꽃은 병실에 생기를 불어넣었고 다른 환자에게도 희망을 주었다. 어떤 환자는 자신도 고향에 가보고 싶다며 자신의 소원을 이야기하기도 했다.

마지막으로 밟은 고향의 흙, 그것은 단순한 외출 이상의 의미를 가졌다. 환자분에게는 자신의 삶을 정리하고 확인하는 시간이었고 가족에게는 아버지의 진짜 마음을 알 수 있는 기회였으며 의료진에게는 호스피스 돌봄의 진정한 의미를 깨닫는 계기였다. 그리고 무엇보다, 삶의 마지막까지도 자신의 뿌리를 잊지 않는 인간의 아름다운 모습을 보여준 소중한 경험이었다.

누구에게나 동일했으면 좋겠습니다

전라남도 화순에서 광주까지는 분명 그렇게 먼 거리는 아니다. 평소라면 말이다. 그러나 말기 암 환자와 그 가족에게는 결코 가까운 길이 아니다. 지난해 봄, 폐암 4기 진단을 받은 박○○ 님의 딸은 매일 이 길을 오가며 어머니를 돌봤다. "가까이에서 편하게 돌봐드릴 수 있는 호스피스 병동이 많다면 얼마나 좋을까요?"라는 그 딸의 말이 아직도 귀에 남아있다. 2023년 기준으로 호스피스 이용률이 말기 암 환자의 약 30%에 불과한 현실에서 지역별 접근성 격차는 단순한 통계를 넘어 누군가의 절실한 아픔이 되고 있다.

전국 지도를 펼쳐놓고 호스피스 완화의료 기관 분포를 보면 그 격차가 한눈에 들어온다. 서울, 경기 등 수도권에는 상당수의 호스피스 전문 기관이 있지만 전라남도, 경상북도, 충청북도 등 비수도권 지역으로 갈수록 기관 수가 현저히 줄어든다. 특히 군 단위나 인구 10만 명 이하의 소도시에서는 호스피스 서비스를 받기 위해 1시간 이상 이동해야 하는 경우가 부지기수다. 이는 단순히 의료기관의 분포 문제가 아니라 생의 마지막 순간에 환자와 가족이 감당해야 하는 이중고를 의미한다.

지역 격차의 이유는 복합적이다. 우선 경제적 요인이 크다. 호스피스 완화의료는 수익성이 낮아 의료기관 입장에서는 적극적으로 나서기 어려운 분야다. 특히 지방의 중소 의료기관은 생존 자체가 어려운 상황에서 새로운 투자를 하기 쉽지 않다. 전문 인력 확보도 큰 문제다. 호스피스 전문의, 전담간호사, 사회복지사 등을 갖추려면 상당한 규모의 의료기관이어야 가능하다. 하지만 지방에는 그런 규모의 병원 자체가 많지 않다.

수요의 절대량도 고려 요인 중 하나다. 인구 밀도가 낮은 지역에서는 호스피스 대상 환자 수가 상대적으로 적어, 전문 병동을 운영하기에 경제적 타당성이 떨어진다고 판단되기 쉽다. 하지만 이는 관점의 문제이기도 하다. 절대 수가 적다고 해서 그 지역 주민의 필요가 작은 것은 아니다. 오히려 선택지가 제한된 상황에서 그 필요는 더욱 절실하다.

교통 접근성 문제도 심각하다. 대도시에서는 대중교통으로도 병원까지 갈 수 있지만 농촌 지역에서는 자가용이 없으면 병원 접근 자체가 어렵다. 특히 고령의 환자와 보호자의 경우, 장거리 운전이 부담스러울 수 있다. 환자가 거동 불편한 상태에서 1시간 넘게 차를 타고 이동하는 것 자체가 고통이 될 수 있다. 겨울철 눈길이나 여름철 폭염 등 기후 요인까지 고려하면 접근의 어려움은 더 많이 커진다.

이런 지역 격차는 단순히 의료 서비스 이용의 불편함을 넘어, 환자와 가족의 삶의 질에 직접적인 영향을 미친다. 원거리 병원을 이용해야 하는 경우, 가족은 일상생활을 포기하고 병원 근처에서 임시 거주지를 마련해야 하는 경우가 많다. 경제적 부담이 가중될 뿐만 아니라 사회적 지지 체계에서도 멀어지게 된다. 평소 도움을 받던 이웃이나 친지와 떨어져 있으면서 고립감을 느끼기 쉽다.

무엇보다 안타까운 것은 이런 어려움 때문에 호스피스 서비스를 포기하는 경우도 있다는 사실이다. "차로 한 시간씩 가야 하는데 환자 상태로는 무리입니다."라며 집에서 지내기를 선택하는 가족을 볼 때면 더욱 마음이 답답하다. 적절한 완화의료 없이 견뎌야 하는 통증, 전문적 지지 없이 감당해야 하는 심리적 부담이 어떤 의미인지 충분히 알고 있기 때문이다. 지역 격차가 결국 환자의 존엄한 마지막을 빼앗는 결과를 낳고 있다.

이런 문제를 해결하기 위해서는 다층적 접근이 필요하다. 우선 정책적으로는 지역별 호스피스 수요를 정확히 파악하고 의료 취약지역에 대한 우선 지원 정책이 마련되어야 한다. 호스피스 전문병원 설립에 대한 재정 지원, 전문 인력 양성 및 파견 프로그램, 운영비 보조 등이 체계적으로 이루어져야 한다. 특히 농어촌 지역의 특성을 반영한 차별화된 정책이 필요하다.

하지만 모든 지역에 호스피스 전문병원을 설립하는 것은 현실적으로 어렵다. 이런 한계를 극복하는 대안 중 하나가 바로 요양병원의 활용이다. 요양병원은 전국에 비교적 고르게 분포되어 있고 이미 만성질환 환자를 돌보는 인프라를 갖추고 있다. 여기에 호스피스 완화의료 기능을 추가한다면 지역 격차를 상당히 줄일 수 있다. 실제로 우리 병원처럼 요양병원에서 호스피스 병동을 운영하는 사례가 늘어나고 있다.

물론 요양병원이 호스피스 기능을 수행하기 위해서는 충분한 준비가 필요하다. 의료진에 대한 체계적인 완화의료 교육, 가족 상담 기법 습득, 통증 관리 전문성 강화 등이 선행되어야 한다. 또한 지역 의료기관 간의 협력 체계 구축도 중요하다. 급성기 병원에서 호스피스 의뢰가 원활하게 이루어지고 필요시 상급 병원으로의 연계도 가능해야 한다.

가정형 호스피스의 확대도 지역 격차 해소에 중요한 역할을 할 수 있다. 환자가 집에서 편안하게 지낼 수 있도록 의료진이 방문하여 서비스를 제공하는 방식이다. 이를 위해서는 지역별 방문 의료팀 구성, 24시간 응급 대응 체계, 필요시 작동할 수 있는 입원 연계 시스템 등이 갖춰져야 한다. 정보통신 기술을 활용한 원격 진료와 상담 서비스도 보완적 역할을 할 수 있다.

지역사회의 역할도 중요하다. 호스피스는 의료기관만의 일이 아니라 지역사회 전체가 함께 만들어가는 돌봄 문화다. 자원봉사자, 종교단체, 시민단체 등이 협력하여 환자와 가족을 지지할 수 있는 네트워크를 구축해야 한다. 특히 농촌 지역의 끈끈한 공동체 문화는 호스피스 돌봄에 큰 자산이 될 수 있다.

무엇보다 중요한 것은 호스피스에 대한 사회적 인식 개선이다. 아직도 많은 경우 호스피스를 삶을 포기하거나 죽음을 준비하는 것으로 바라보는 것이 사실이다. 그렇기에 호스피스를 치료 포기가 아니라 다른 형태의 적극적 치료이며 죽음을 준비하는 것이 아니라 남은 삶의 질을 최대화하는 과정으로 이해하기 시작할 때 호스피스에 대한 수요는 자연스럽게 늘어나고 그에 따라 공급도 따라올 것이다.

지역 격차 해소는 단순히 병원과 병상의 개수나 비용과 이윤의 문제가 아니다. 그것은 어디에 살든 생의 마지막 순간까지 그 존엄을 지킬 수 있는 권리를 보장하는 문제다. 요양병원이 이런 권리 보장의 정거장 역할을 할 수 있을 때, 우리는 비로소 진정한 의미의 평등한 의료를 이야기할 수 있을 것이다. 화순에서 광주까지의 거리가 더 이상 환자와 가족에게 극복하기 어려운 장벽이 되지 않는 그런 미래를 만들어가야 한다.

아프지 않았으면 좋겠습니다

　새벽 2시, 간호사의 전화로 잠에서 깼다. "선생님, 3층 김○○ 님이 통증을 호소하시는데요. 어제 저녁부터 점점 심해지고 계세요." 폐암 4기로 뼈 전이가 있는 환자분이었다. 모르핀을 복용하고 계셨지만 갑작스럽게 악화한 통증 때문에 잠을 이루지 못하고 계셨다. 병원으로 향하는 차 안에서 생각했다. 완화의료에서 통증 관리는 단순히 진통제를 처방하는 것 이상의 의미가 있다. 그것은 환자의 존엄과 삶의 질을 지키는 마지막 보루이기도 하다.

　완화의료에서 통증 관리는 예술에 가깝다. 같은 질병, 같은 병기라도 환자마다 통증의 양상과 강도가 다르다. 어떤 환자는 지속적인 두통을 호소하고 어떤 환자는 갑작스러운 극심한 통증을 경험한다. 뼈 전이로 인한 통증, 내장 통증, 신경병성 통증 등 원인에 따라서도 접근법이 달라진다. 더욱이 통증은 주관적 경험이어서 같은 강도라도 환자의 정신적 상태, 과거 경험, 문화적 배경에 따라 느끼는 정도가 천차만별이다.

마약성 진통제의 사용은 완화의료의 핵심이다. 모르핀, 펜타닐, 옥시코돈 등 강력한 진통제들이 말기 환자의 통증 완화에 사용된다. 하지만 이런 약물들의 사용에는 세심한 주의가 필요하다. 호흡억제, 변비, 구토, 진정 등의 부작용을 최소화하면서도 충분한 진통 효과를 얻어야 한다. 특히 고령 환자의 경우 약물 대사가 느려져 부작용에 더욱 민감할 수 있어서 용량 조절과 모니터링이 더욱 중요하다.

김○○ 님의 경우, 기존 모르핀 서방정으로는 통증 조절이 충분하지 않았다. 뼈 전이 부위의 통증이 갑작스럽게 악화하면서 돌발성 통증(breakthrough pain)이 발생한 것으로 판단되었다. 이런 경우에는 속효성 진통제를 추가로 사용해야 한다. 모르핀을 처방하고, 향후 서방정의 용량도 조정하기로 했다. 동시에 뼈 전이로 인한 통증에는 비스테로이드성 소염진통제(NSAIDs)의 병용이 도움이 될 수 있어 이것도 고려했다.

하지만 약물로만 해결되지 않는 통증들도 있다. 이런 경우에는 비약물적 접근법이 중요하다. 물리치료, 온열요법, 냉찜질, 마사지 등이 보조적 역할을 할 수 있다. 또한 환자의 자세를 조정하거나 압박점을 완화하는 것만으로도 통증이 크게 줄어들 수 있다. 무엇보다 환자와 가족에게 통증의 원인과 치료 방법에 대해 충분히 설명하는 것이 중요하다. 통증에 대한 이해가 있을 때 치료에 대한 순응도도 높아진다.

통증 평가도 전문성이 필요한 영역이다. 숫자평가척도(NRS)를 사용하여 "0점부터 10점까지 중에서 지금 통증이 몇 점 정도인지 말씀해 주세요."라고 물어보지만 실제로는 더 세밀한 관찰이 필요하다. 환자의 표정, 자세, 활동 정도, 수면 패턴 등을 종합적으로 평가해야 진정한 통증의 정도를 파악할 수 있다. 특히 치매나 의식 저하가 있는 환자의 경우에는 비언어적 통증 지표들을 주의 깊게 관찰해야 한다.

호흡곤란은 말기 환자들이 경험하는 또 다른 고통스러운 증상이다. 폐암, 심부전, 폐 섬유화 등 다양한 원인으로 호흡곤란이 발생할 수 있다. 이런 증상은 환자에게 극도의 불안감을 조성하고 가족에게도 큰 스트레스를 준다. 산소 공급, 기관지확장제, 이뇨제 등의 약물 치료와 함께, 환자의 자세 조정, 선풍기를 이용한 공기 순환, 호흡법 교육 등이 도움이 된다. 때로는 모르핀의 저용량 사용이 호흡곤란 완화에 효과적일 수 있다.

구토와 오심도 흔하게 경험하는 증상이다. 항암치료의 부작용, 장폐색, 뇌압 상승, 약물 부작용 등 그 원인이 다양하기 때문에 그에 따른 맞춤 치료가 필요하다. 메토클로프라미드, 온단세트론, 할로페리돌 등 다양한 약제를 상황에 맞게 선택해야 한다. 특히 장폐색이 의심되는 경우에는 메토클로프라미드 사용을 피해야 하는 등 세심하게 주의를 기울여야 한다.

변비는 흔하지만 간과되기 쉬운 증상이다. 특히 마약성 진통제를 사용하는 환자에게는 거의 필수적으로 나타나는 부작용이다. 단순히 완하제를 처방하는 것을 넘어 환자의 식이, 수분 섭취, 활동 정도 등을 종합적으로 고려한 관리가 필요하다. 심한 변비는 복통, 구토, 식욕부진 등 다른 증상들을 악화시킬 수 있어 적극적인 관리가 중요하다.

섬망도 말기 환자에서 자주 관찰되는 증상이다. 감염, 탈수, 약물, 대사 이상 등 다양한 원인으로 발생할 수 있다. 특히 밤에 증상이 악화하는 경우가 많아 가족이 큰 고통을 받는 경우가 있다. 가능한 원인을 찾아 교정하되, 불가피한 경우에는 항정신병 약물을 신중하게 사용해야 한다. 무엇보다 환경 조성과 보호자의 역할이 중요하다.

김○○ 님은 새로운 진통제 처방 후 통증이 많이 완화되었다. 그가 "선생님, 이제 좀 살 것 같아요."라는 말을 들려줄 것 자체가 완화의료의 진정한 의미를 보여준다. 통증 관리는 단순히 아픔을 덜어주는 것이 아니라 환자가 인간다운 존엄을 유지하며 남은 시간을 보낼 수 있도록 돕는 일이다. 가족도 "아버지가 많이 편안해 보이세요."라며 안도의 표정을 지었다.

증상 관리에서 가장 중요한 것은 개별화된 접근이다. 같은 약물이라도 환자에 따라 효과와 부작용이 다르게 나타날 수 있다. 지속적인 관찰과 평가를 통해 각 환자에게 최적화된 치료법을 찾아가는 것이 완화의료 전문성의 핵심이다. 이는 의학적 지식뿐만 아니라 환자와 가족의 가치관, 선호도, 삶의 목표까지 고려하는 총체적 접근을 요구한다.

또한 증상 관리는 의사 혼자만의 일이 아니다. 간호사의 세심한 관찰과 돌봄, 약사의 전문적 조언, 물리치료사의 비약물적 중재, 사회복지사의 심리·사회적 지지 등이 모두 어우러져야 진정한 완화의료가 가능하다. 그러므로 팀 접근법을 통해 환자의 모든 불편감을 최소화하고 삶의 질을 최대한 향상하는 것이 목표가 되어야 한다.

완화의료의 전문성은 죽음을 앞둔 환자에게 마지막까지 희망을 잃지 않게 하는 데 있다. 통증이 조절되고 호흡이 편안해질 때, 환자는 남은 시간을 가족과의 소중한 추억을 만드는 데 사용할 수 있다. 그것이 우리가 추구하는 완화의료의 궁극적 목표다. 새벽에 받았던 한 통의 전화에서 시작된 통증 관리가 결국 한 사람의 존엄한 마지막을 지켜내는 소중한 일이 되는 것처럼 말이다.

가족과 함께하면 좋겠습니다

　새벽 2시, 2병동 복도에 희미한 불빛이 켜져 있다. 203호 병실에서는 78세 이○○ 님의 가족들이 조용히 둘러앉아 있다. 장남인 이○○ 님은 어머니의 손을 잡고 있고 며느리는 젖은 수건으로 어머니의 입술을 적셔드리고 있다. "오늘 밤이 고비일 것 같습니다." 오후 회진 때 전해드린 말씀이 현실이 되어가고 있다. 하지만 이 가족은 당황하지 않는다. 지난 한 달 동안 우리와 함께 이 순간을 준비해 왔기 때문이다.

　임종은 환자 혼자만의 여정이 아니다. 그것은 가족 전체가 함께 걸어가야 하는 마지막 길이며 때로는 환자보다 가족에게 더 큰 도전이 되기도 한다. 생명의 마지막을 지켜본다는 것, 사랑하는 사람을 떠나보낸다는 것은 어떤 준비를 해도 충분하지 않은 경험이다. 하지만 그렇다고 해서 아무런 준비 없이 그 순간을 맞을 수는 없다. 가족 중심의 임종 돌봄은 바로 이런 인식에서 시작된다.

"어머니가 많이 힘들어하시는 것 같은데 우리가 뭘 해드릴 수 있을까요?" 이○○ 님의 첫 번째 질문이었다. 폐암 말기인 어머니의 호흡은 점점 힘들어지고 있었고 가족들은 어떻게 해야 할지 몰라 당황하고 있었다. 이런 순간에 필요한 것은 의학적 설명만이 아니다. 가족들이 무력감과 불안감에서 벗어나 적극적인 돌봄의 주체가 될 수 있도록 돕는 것이 더 중요하다.

"호흡이 힘드실 때 등을 살짝 높여드리고 이렇게 등을 가볍게 두드려주시면 도움이 됩니다." 간호사가 시범을 보이며 설명한다. "입이 마르시니까 이런 식으로 거즈에 물을 적셔서 입술을 촉촉하게 해드리세요. 너무 많이 적시면 안 되고 이 정도면 됩니다." 작은 실용적 기술들이지만 가족에게는 우리도 뭔가 할 수 있다는 자신감을 주는 소중한 방법들이다.

더 중요한 것은 임종 과정에서 나타나는 여러 증상에 대해 미리 설명해 드리는 것이다. "호흡이 점점 얕아지고 때로는 잠깐 멈췄다가 다시 시작할 수도 있습니다. 이런 변화가 나타나더라도 너무 놀라지 마세요. 자연스러운 과정입니다." 갑작스러운 변화에 대비할 수 있도록 돕는 것이다. "손발이 차가워지고 피부색이 변할 수도 있는데 이때도 따뜻한 담요로 덮어드리고 손을 잡아드리시면 됩니다."

하지만 기술적인 돌봄만으로는 충분하지 않다. 임종을 앞둔 상황에서 가족들이 경험하는 복잡한 감정을 이해하고 지지하는 것이 더욱 중요하다. "어머니께 마지막으로 하고 싶은 말씀이 있다면 지금이 좋을 것 같아요. 의식이 없는 것처럼 보여도 듣고 계실 수 있거든요." 이런 안내를 받고 가족들은 하나씩 어머니 곁으로 다가가 그동안 하지 못했던 말을 전한다.

"엄마, 그동안 고생 많으셨어요. 우리 잘 키워주셔서 감사해요." 장남의 떨리는 목소리가 병실에 울려 퍼진다. "시어머님, 저를 딸처럼 아껴주셔서 감사했습니다. 편안히 가세요." 며느리도 눈물을 훔치며 인사를 전한다. 이런 순간들이 가족에게는 평생 간직할 소중한 기억이 되고 사별 후에도 위로가 되는 경험이 된다.

가족 중심의 임종 돌봄에서 특히 중요한 것은 가족의 다양성을 인정하고 존중하는 것이다. 어떤 가족은 마지막까지 함께 있기를 원하고, 어떤 가족은 이별의 순간을 혼자 맞으실 것을 선택하기도 한다. "아이들이 너무 어려서 이런 모습을 보여

주고 싶지 않아요."라는 경우도 있고 "온 가족이 다 모여서 할머니를 보내드리고 싶어요."라는 경우도 있다. 정답은 없다. 각 가족의 가치관과 문화를 존중하는 것이 가장 중요하다.

종교적 의식에 대한 배려도 빼놓을 수 없다. "목사님을 부르고 싶은데 괜찮을까요?"라는 요청에는 언제나 "물론입니다."라고 답한다. 종교적 의식은 가족에게 영적 위로를 주는 중요한 과정이다. 가톨릭 신자 가족에게는 신부님의 종부성사를, 개신교 신자에게는 목사님의 기도를, 불교 신자에게는 스님의 독경을 자연스럽게 도와드린다. 종교가 없는 가족이라도 나름의 의식이나 방법이 있다면 최대한 존중하고 지원한다.

무엇보다 중요한 것은 가족이 죄책감을 느끼지 않도록 돕는 것이다. 더 일찍 병원에 모셨다면, 다른 치료를 받았다면, 더 정성껏 간병했다면 하는 후회가 임종 과정에서 가족을 괴롭힌다. "지금까지 최선을 다하셨습니다. 어머니도 그걸 아시고 계실 거예요."라는 말로 가족의 마음을 위로한다. 완벽한 돌봄이란 없으며 중요한 것은 사랑하는 마음으로 함께했다는 사실임을 일깨워드린다.

임종 후의 과정도 미리 안내해 드린다. "마지막 숨을 거두신 후에도 급하게 서두르지 마세요. 충분히 시간을 갖고 마지막 인사를 나누셔도 됩니다." 그 뿐만 아니라 장례 절차, 필요한 서류들, 시신 안치 등에 대한 실용적 정보도 제공한다. 슬픔 속에서도 현실적인 문제들을 처리해야 하는 가족에게 작은 도움이나마 되고자 하는 마음의 표현이다.

가족과 함께하는 임종의 과정은 죽음을 맞이하는 과정이 아니라 사랑을 완성하는 과정이다. 생의 마지막 순간까지 서로를 돌보고 사랑할 수 있도록 돕는 것, 이별의 아픔을 조금이라도 덜어드리는 것, 그리고 사별 후에도 따뜻한 기억으로 남을 수 있는 경험을 만들어드리는 것. 이것이 요양병원이 가족에게 제공할 수 있는 가장 소중한 선물이다. 그리고 이런 돌봄을 통해 우리는 정거장으로서 요양병원의 진정한 의미를 실현할 수 있다. 환자만이 아니라 가족까지 포함해서 그들의 인생 여정을 동행하는 진정한 정거장이 되는 것이다.

삶의 의미를 알고 싶습니다

오후 3시, 301호 병실에서는 특별한 기도회가 열리고 있다. 85세 최○○ 님은 폐암 말기로 입원하신 지 한 달이 되었는데 오늘은 평소 다니시던 교회 목사님이 방문하셨다. "하나님, 제가 지금까지 살아온 삶을 돌아보며 감사드립니다."라는 최○○ 님의 기도 소리가 병실에 은은하게 울려 퍼진다. 가족들도 함께 손을 잡고 조용히 기도에 참여하고 있다. 의료진은 문 밖에서 조용히 기다리며 이 소중한 시간을 지켜본다. 생의 마지막에서 환자가 찾는 것은 단순히 신체적 편안함만이 아니다. 자기 삶이 무엇이었는지, 어떤 의미였는지에 대한 깊은 성찰과 위로가 필요한 순간이다.

영적 돌봄(Spiritual Care)은 현대 의료에서 점점 중요하게 인식되고 있는 영역이다. 특히 요양병원과 호스피스에서는 환자의 신체적, 정신적 고통과 함께 영적 고통(Spiritual Pain)을 다루는 것이 전인적 돌봄의 핵심이 되고 있다. 여기서 영적이라는 것은 반드시 종교적인 것만을 의미하지 않는다. 그것은 "내 삶의 의미는 무엇인가?", "왜 이런 고통을 겪어야 하는가?", "죽음 이후에는 무엇이 있을까?"와 같은 인간이 가진 가장 근본적인 질문에 대한 탐구와 연결된다.

최○○ 님 같이 신실한 기독교 신자로서 종교적 신념이 분명한 경우는 자신의 신앙에 따라 이런 질문에 대한 답을 갖고 있기도 하다. 그러나 모든 환자가 이럴 수는 없다. 박○○ 님은 "저는 종교가 없는데 그래도 죽음이 무서워요. 죽으면 정말 끝인 건가요?"라고 물으신다. 이런 질문 앞에서 의료진은 어떻게 답해야 할까? 종교적 답변을 강요할 수도 없고 그렇다고 환자의 근본적인 불안을 외면할 수도 없다. 영적 돌봄은 바로 이런 딜레마에서 시작된다.

종교적 배경이 있는 환자에게는 그들의 신앙을 존중하고 지원하는 것이 최선의 선택이다. 최○○ 님의 경우 매주 일요일 병상에서 예배드릴 수 있도록 도와드렸다. 목사님의 방문을 허용하는 것은 물론, 성경 읽기나 찬송가 듣기가 가능하도록 환경을 조성했다. "하나님 안에서 평안을 찾으시는 것 같아서 다행입니다."라고 말씀드릴 때 환자분의 얼굴에서 진정한 안도감을 볼 수 있었다.

가톨릭 신자인 김○○ 님에게는 신부님의 병자성사를 받을 수 있도록 안내했다. "마지막 고해성사를 받고 나니 마음이 한결 가벼워졌어요."라는 말씀을 하시며 그동안 마음속에 담아두었던 죄책감을 털어놓은 홀가분한 표정을 보여주셨다. 이처럼 종교적 의식은 단순한 형식이 아니라 환자에게 실질적인 위로와 평안을 주는 중요한 치유의 과정이다.

불교 신자인 이○○ 님의 경우에는 스님을 모시고 염불을 들으실 수 있도록 했다. "부처님께 귀의하며 좋은 곳으로 갈 수 있기를 기원합니다."라는 스님의 독경 소리에 환자분과 가족이 함께 합장하며 기도하는 모습이 인상적이었다. 각각의 종교가 갖고 있는 고유한 의식과 전통을 존중하되, 병원 환경에서 어떻게 조화롭게 실현할 수 있을지 고민하는 것도 영적 돌봄의 중요한 부분이다.

하지만 영적 돌봄의 영역은 종교적 지지를 넘어선다. 특별한 종교적 신념이 없는 환자에게도 삶의 의미를 찾고 내면의 평안을 얻을 수 있도록 돕는 것이 필요하다. 박○○ 님과는 긴

대화를 나누었다. "지금까지 살아오면서 가장 의미 있었던 순간들을 떠올려보세요. 자녀들을 기르시면서, 일을 하시면서, 다른 사람과 관계를 맺으면서 느꼈던 보람 말이에요." 이런 대화를 통해 환자분은 자신의 삶이 절대 무의미하지 않았음을 재확인하게 된다.

가족 내 화해를 이루는 것도 중요한 영적 돌봄의 한 형태다. 오랫동안 소원했던 자식과의 관계 때문에 마음 아파하시던 정○○ 님의 경우, 병상에서 아들과 진솔한 대화를 나누는 시간을 가질 수 있도록 중재했다. "아버지, 그동안 죄송했어요. 사랑한다는 말을 못 해서 미안해요." 아들의 말에 환자분이 흘리신 눈물은 용서와 화해의 치유력을 보여주었다. 미해결된 관계의 갈등은 종종 환자에게 큰 영적 고통을 주기 때문이다.

삶의 유산(Legacy)을 정리하는 것도 의미 있는 영적 돌봄이다. 환자가 자신의 이야기를 후세에 전하고 싶어 할 때, 그것을 기록하고 보존할 수 있도록 돕는다. 손자에게 전하고 싶은 인생 조언을 녹음하거나 평생 간직해온 사진을 정리하며 추억을 나누는 시간을 갖도록 한다. "내가 살았다는 증거를 남기고 싶어요."라는 환자의 바람을 실현해 드리는 것이다.

예술과 음악을 통한 영적 돌봄도 효과적이다. 평생 음악을 사랑했던 장○○ 님에게는 좋아하시던 클래식 음악을 들려드렸고 그림 그리기를 즐기셨던 윤○○ 님에게는 간단한 수채화 도구를 제공해 드렸다. "모차르트를 들으니 젊었을 때가 생각나요."라며 눈을 감고 음악에 빠져드시는 모습에서 예술이 갖는 치유의 힘을 확인할 수 있었다.

자연과의 연결도 중요한 영적 자원이다. 병실 창문을 통해 보이는 하늘과 구름, 작은 화분의 꽃들, 새소리 등이 환자에게는 생명의 연속성을 느끼게 해주는 소중한 매개체가 된다. "저 구름을 보니 어머니가 보고 싶어요."라는 환자의 말에서 자연이 갖는 위로의 힘을 느낄 수 있다.

명상과 호흡법 같은 실용적 기법들도 영적 돌봄에 활용된다. 불안하고 두려워하는 환자에게는 깊은 호흡과 함께 마음을 고요히 하는 시간을 갖도록 안내하는 것만으로도 도움이 된다. "천천히 숨을 들이쉬면서 평안을 받아들이시고, 내쉬면서 두려움을 내보내세요."라는 간단한 지침만으로도 환자의 마음 상태가 달라지는 것을 볼 수 있다.

영적 돌봄은 가족에게도 확장된다. 환자의 고통을 지켜보는 가족 역시 "왜 우리에게 이런 일이 일어났을까?"라는 영적 질문에 시달린다. 이런 가족과 함께 환자의 삶의 의미를 재조명하고 고통 속에서도 사랑과 성장의 기회를 찾을 수 있도록 돕는다. "어머니의 삶이 우리에게 가르쳐준 것들을 생각해 보세요."라는 대화를 통해 슬픔을 넘어 감사와 존경의 마음을 갖도록 격려한다.

무엇보다 중요한 것은 영적 돌봄이 특별한 전문가만이 할 수 있는 일이 아니라는 점이다. 의사, 간호사, 사회복지사, 모든 의료진이 환자의 영적 차원에 관심을 두고 지지할 수 있다. "오늘 기분은 어떠세요?"라는 질문에서 시작해서 "무엇이 가장 걱정되세요?", "어떤 것이 힘이 되시나요?"로 이어지는 대화만으로도 충분한 영적 돌봄이 될 수 있다.

영적 돌봄은 결국 인간의 존재론적 차원을 인정하고 존중하는 것이다. 환자를 단순히 치료받는 신체가 아니라 깊은 내면과 영혼을 가진 온전한 인격체로 바라보는 것이다. 그리고 생의 마지막 순간까지도 성장하고 성찰할 수 있는 존재로 존중하는 것이다. 이런 돌봄을 통해 요양병원은 단순한 의료기관을 넘어서 인간의 영혼이 쉴 수 있는 성스러운 공간이 될 수 있다. 그리고 이것이야말로 정거장으로서의 요양병원이 환자에게 제공할 수 있는 가장 깊이 있는 돌봄일 것이다.

나도 돌봐주면 좋겠습니다

 암 요양 시장의 변화와 코로나의 충격 속에서 우리는 예상치 못한 새로운 영역을 발견하게 되었다. 좋은 시설과 좋은 식단으로 경쟁하던 시절을 지나, 페이백과 자유로운 입원으로 변질된 암 요양 시장에서 점점 밀려나면서도 오히려 더 의미 있는 의료의 본질을 찾게 된 것이다.

 소위 암 요양은 그래도 괜찮은 환경에서 환자를 위한 병원 시설과 음식을 제공해 주었다. 비급여를 주로 운영할 수밖에 없었지만 엄연히 우리나라 제도권 하의 진료였다. 그러던 것이 암 요양 시장도 급격히 오염되기 시작했다. 좋은 시설, 좋은 식단으로 경쟁하다가 어느새 페이백 경쟁으로 변질되었고 급기야 페이백 자체를 목표로 하는 기관까지 생기게 되었다.

이런 부류의 사람들은 세상을 두려워하지 않았다. 오히려 그렇게 하지 못하는 의사를 능욕하고 멸시하기까지 했다. 엎친 데 덮친 격으로 코로나를 겪으면서 자의 반 타의 반으로 암 요양 시장의 주류에서 점점 밀려나게 되었다.

그러나 이 위기는 새로운 기회로 변화했다. 대신 호스피스 완화의료, 전문 재활치료, 감염, 폐렴과 패혈증, 그리고 호흡 재활까지. 비급여 위주 암 페이백 시장에서 밀려난 나는 다시 의료 기능에 집중할 수밖에 없었다. 다행히 하늘이 버리지 않았는지 요양병원 의료 기능 강화라는 화두가 떠올랐다.

그제야 주위를 둘러보니 이미 2015년부터 의료 기능을 강화하고 발전을 시작한 요양병원이 눈에 띄기 시작했다. 미친 듯이 배워나가며 병원의 체질을 변화시켜 나갔다. 뼈를 깎는 고통이었다. 개원 후 이어진 최저임금의 급격한 상승을 비롯한 예상치 못한 사회 환경의 변화, 코로나 유행을 막기 위한 요양병원 봉쇄정책, 감염 취약 시설이라는 낙인, 너무 많아진 요양병원을 줄이려는 각종 정책과 사회적 입원이라는 비난들. 사는 게 고통이었지만 그렇다고 죽을 수도 없는 시기였다.

그러다 보니 한 가지 길이 보였다. 그것은 고령 암 환자였다. 70세면 항암치료도 하지 않았던 시대, 암인지도 모르게 몰래 항암치료를 하던 시대를 넘어 이제 90세가 넘어도 항암치료를 하는 시대가 된 것이었다. 어느새 그렇게 되었다.

당뇨, 고혈압, 당뇨, 파킨슨, 치매, 관절 질환, 뇌졸중 등등 각종 만성질환이 있는 환자 중에 암이 진단되고 암 치료를 하는 경우가 많아진 것이다. 그러나 이런 환자가 갈 수 있는 곳이 마땅치 않았다. 여전히 대학병원은 환자를 빨리빨리 밀어낼 수밖에 없는 상황이었고 기존 암 요양병원은 가격도 비싸고 간병인도 없고 마약성 진통제 구비도 원활하지 않았다. 특히 심한 항암 부작용에 대한 대처나 말기 암으로 진행될 경우, 그에 대한 대처에 한계를 드러내고 있었다.

그렇다고 해서 일반 노인 요양병원은 다인실 환경의 어려움뿐만 아니라 치매나 기타 노인성 질환을 앓는 다양한 환자가 한 병실에 뒤섞여 있기에 의식이 명료한 암 환자가 적응하기에는 또 다른 어려움이 있었다. 기존 암 요양 시장에서 밀려난 우리는 이 고령 암 환자, 재발 암 환자, 전이 암 환자 그리고 만성 질환자, 감염 환자, 간병이 필요한 암 환자를 자연히 받게 되었고, 요양병원 의료 기능 강화라는 시대적 소명에 어느 정도 부합하는 상황이 되었다.

이 과정에서 깨달은 것은 위기가 때로는 새로운 가능성을 열어준다는 점이다. 기존 암 요양병원과 노인 요양병원 중에서 선택해야 한다면 고령자 암 요양병원으로의 전환을 생각해 보시라고 말씀드리고 싶다. 비급여 위주의 암 요양병원은 의료 기능을 강화하면 되고 노인 요양병원은 시설을 조금 보완하면서 암에 대해 공부를 하면 된다.

2024년 발표된 대한민국 사망 원인 1위는 암이며 이 비율은 발표 때마다 증가하고 있다. 앞으로 국가와 제도에 의해 강제적으로 사회적 입원이 줄어들게 되고 장기 입원이 줄어들게 되면 일반 요양병원의 주 타겟도 사망률이 높은 질환에 더 초점을 맞춰야 하며 그것이 의료 기능 강화일 것이며 그중의 하나가, 아니 단 하나가 암이라는 사실은 위기 극복의 실마리가 되지 않을까 싶다.

이러한 변화의 여정에서 중요한 것은 환자 개인의 삶에 대한 깊은 이해다. 90세가 넘어서도 항암치료를 받는 시대에 우리는 단순히 치료만 제공하는 것이 아니라 그분들의 삶의 마지막 여정을 동행하는 역할을 해야 한다는 것을 깨달았다. 집으로 가기엔 돌봄이 필요하고 요양시설에 가기엔 의료가 아직 필요한 그 경계의 환자가 있다.

임상현장에서는 사람의 질병의 경과를 무 자르듯 잘라 급성기, 아급성기, 회복기, 만성기, 재택의료 가능으로 구분 짓기 어려운 경우가 많다. 물론 통계적으로 책상에서는 가능한 일이다. 하지만 실제 현장에서는 환자가 순탄하게 회복되기도 하지만 다시 급성기, 아급성기, 회복기를 반복하기도 하고 그 경과 중에 회복을 못하는 경우도 있다.

이 둘 사이의 접점을 찾는 노력, 그것이 임상가와 연구자, 정부와 학계, 공급자와 환자 사이에서 머리를 맞대야 할 부분이라 생각한다. 어떻게 안전하게 회복할 수 있을 것인가? 경계에 있는 전환기 환자를 제도적으로 어떻게 도울 것인가?

이러한 고민 속에서 우리가 찾은 답은 의료와 돌봄의 통합적 접근이었다. 고령 암환자는 단순히 암만 치료하면 되는 것이 아니라 동반된 만성질환들과 나이에 따른 신체적 변화, 그리고 사회적 상황까지 모두 고려해야 하는 복합적인 돌봄이 필요하다. 이는 바로 요양병원이 가진 고유한 장점이기도 하다.

지난 15년간 요양병원에서의 진료를 돌아보며 2011년 전남대학교 화순노인전문병원에서 요양병원의사를 시작할 때부터 이어온 암환자에 대한 관심이 이제는 하나의 전문영역으로 자리 잡게 되었다. 당시에는 익숙했던 항암 방사선 치료 환자들의 최적 지지치료를 했고 대학의 교수님과 전공의 선생님을 돕는 역할이었지만 이제는 더 넓은 관점에서 고령자 암환자의 전 생애에 걸친 돌봄을 제공할 수 있게 되었다.

암환자를 위한 시대적 소명이 나에겐 있었다. 그리고 그 소명은 기존의 암요양시장에서 밀려나면서도 포기하지 않고 새로운 길을 찾아가는 과정에서 더욱 분명해졌다. 요양병원 의료기능강화라는 시대적 화두와 만나면서 우리가 걸어가야 할 길이 더욱 선명하게 보이기 시작했다.

앞으로의 과제는 이러한 변화를 더 많이 체계화하고 확산시켜 나가는 것이다. 고령 암 환자를 위한 전문적인 돌봄 시스템을 구축하고 의료진의 역량을 강화하며 환자와 가족에게 최선의 서비스를 제공할 수 있는 기반을 마련해야 한다. 이는 개별 병원의 노력만으로는 한계가 있으며 제도적 뒷받침과 사회적 인식 변화가 함께 이루어져야 할 일이다.

위기 속에서 찾은 새로운 길, 그 길을 걸어가면서 우리는 요양병원이 단순한 종착역이 아니라 새로운 여정의 시작점이 될 수 있음을 확인하고 있다. 고령 암 환자와 함께 걸어가는 이 길에서 우리는 계속해서 배우고 성장하며 더 나은 돌봄을 제공하기 위한 노력을 멈추지 않을 것이다.

주저앉지 않았으면 좋겠습니다

지금 전남제일요양병원의 호스피스 완화의료 병동은 아픔이 있는 곳이다. 병원 개원 후 차례차례 병동을 하나씩 오픈했고 6개월 만에 야심 차게 열었던 병동이었다. 준중환자실 개념으로 열었던 병동은 2017년, 겨우 1년 만에 다시 문을 닫게 되었다. 애당초 요양병원에 주는 쥐꼬리만 한 정액 수가로 이런 의료 서비스를 제공하려 했던 것이 무리였다.

무린 줄 알았었지만 와상 환자와 말기 암 환자에 대한 사명감과 의무감, 의사라는 자부심, 난 할 수 있다는 자신감 등 여러 가지가 섞여서 추진했었던 병동. 1년 만에 문을 닫고 1년 동안 비어 있었던 아픈 공간. 그 공간을 바라보며 느꼈던 무력감과 좌절감은 지금도 생생하다.

하지만 이곳은 1년 전 2018년 4월 호스피스 완화의료 병동으로 다시 태어나 많은 말기 암 환자들에게 희망과 용기, 사랑을 전하고 있으니, 그때의 실패가 밑거름이 되었음은 분명하다. 1년간의 공백, 실패의 아픔, 그리고 다시 일어선 용기. 그 모든 과정이 지금의 호스피스 완화의료 병동을 더욱 의미 있게 만드는 밑거름이다.

이해받지 못하는 현실 속에서도 우리는 계속 전진해야 했다. 요양병원에 대해 아무것도 모르는 저기 위 중앙 높으신 분으로부터 "요양병원은 호스피스를 운영할 능력이 안 된다."는 둥, "그냥 요양 수가로 말기 암 환자 보면 되지 않냐?"라는 등의 흘러나오는 말을 들을 때면 뭐라 표현할 수 없는 분노가 치밀어 오른다.

"내가 2011년부터 공공 요양병원에서 그리고 이후 개인 요양병원에서 요양 수가로 말기 암 환자를 돌봐봤으며 지금은 호스피스센터를 운영하며 호스피스 수가로 말기 암 환자를 보고 있으니 나한테 와서 좀 물어봐라. 아무리 돈 아끼는 것이 중요하다고 하지만. 진짜 할 말은 많은데."

이런 절실함 속에서 어디에라도 가서 외치곤 한다.

"말기 암 환자 볼 수 있게 해주세요. 가정형 호스피스도 하게 해주세요. 말기 폐질환 환자도 돌보고 싶어요. 말기 간질환 환자도 볼 수 있어요. 비암성 환자도 보게 해주세요."

이러한 외침 속에는 단순한 정책적 요구를 넘어선 깊은 의미가 담겨 있다. 호스피스 완화의료 병동은 특별한 의미가 있다. 그곳은 마지막 여행을 준비하는 이를 위한 가장 따뜻한 쉼터이자, 가족에게는 사랑하는 이와의 소중한 시간을 보낼 수 있는 성스러운 공간이다.

준중환자실로 시작해 실패를 겪고 1년간의 공백을 거쳐 호스피스 병동으로 재탄생한 여정은 병원 자체의 성장 과정과 닮았다. 시행착오를 겪으며 배우고 실패를 통해 더 나은 방향을 찾아가는 과정. 이는 단순히 물리적 공간의 변화가 아니라 우리의 철학과 접근 방식 자체의 근본적 전환을 의미했다.

처음 준중환자실을 운영할 때는 급성기 병원의 축소판을 만들고자 했다. 더 많은 의료기기, 더 집중적인 모니터링, 더 적극적인 치료를 통해 환자들을 돕고자 했다. 하지만 현실의 벽은 높았다. 제한된 수가 체계 안에서는 그런 접근이 지속 가능하지 않았고 무엇보다 그것이 과연 환자들이 진정으로 원하는 것인지에 대한 의문이 들기 시작했다.

1년간의 공백기는 고통스러웠지만 동시에 성찰의 시간이

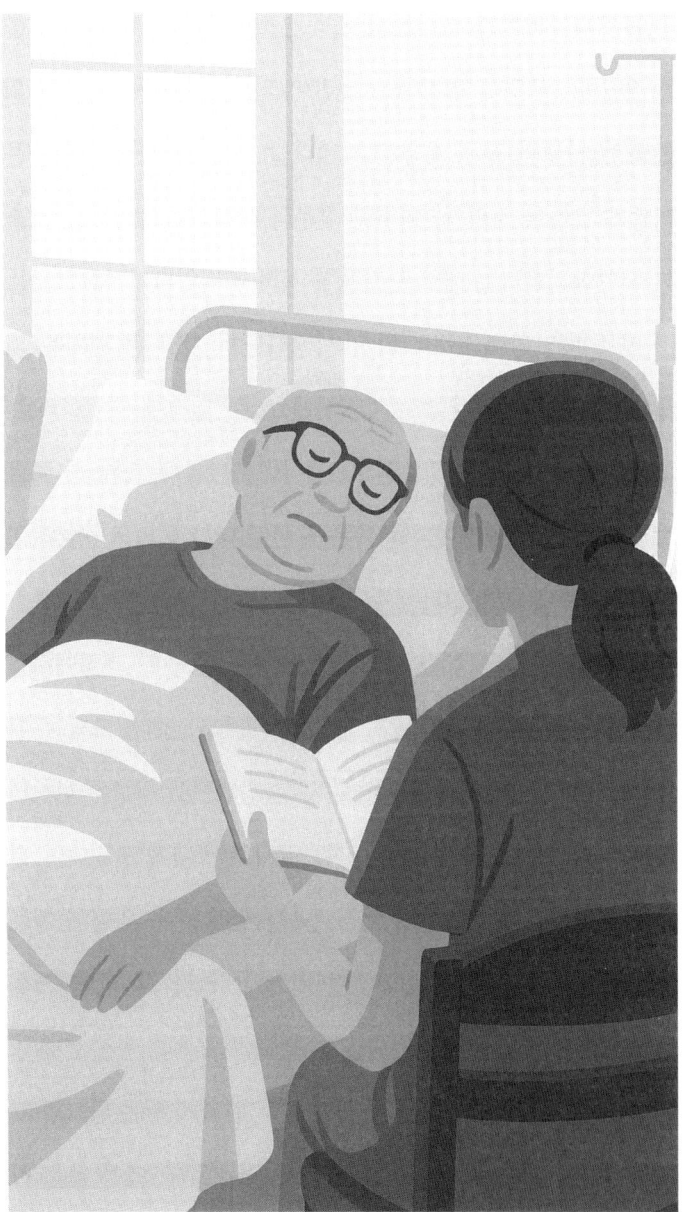

기도 했다. 그 기간 우리는 의료의 본질에 대해 다시 생각해 볼 수 있었다. 생명을 연장하는 것만이 의료의 목적일까? 환자의 존엄성과 삶의 질은 어떻게 지켜나갈 것인가? 가족의 아픔은 어떻게 달래줄 것인가? 이러한 질문과 씨름하면서 우리는 호스피스 완화의료라는 새로운 길을 발견하게 되었다.

호스피스 완화의료로 다시 시작하면서 가장 큰 변화는 패러다임의 전환이었다. 치료에서 돌봄으로, 연장에서 퀄리티로, 의료진 중심에서 환자 중심으로. 이러한 변화는 단순히 치료 방법을 바꾸는 것이 아니라 죽음과 삶에 대한 우리의 근본적인 관점을 바꾸는 것이었다.

현장 경험의 소중함을 절실히 깨달은 것도 이 과정에서였다. 2011년부터 시작된 말기 암 환자 돌봄의 경험, 요양 수가와 호스피스 수가 모두로 환자를 돌본 경험에서 나오는 현장의 목소리, 이런 경험과 실무 지식이 정책 결정에 반영되어야 한다는 절실함까지. "나한테 와서 좀 물어봐라."는 외침 속에는 현장을 모르고 내린 정책 결정에 대한 안타까움과 지금까지의 경험을 나누고 싶은 간절함이 담겨 있다.

실제로 호스피스 병동을 운영하면서 만나게 되는 환자와 가족의 모습은 우리에게 많은 것을 가르쳐주었다. 어떤 분은 마지막까지도 가족과의 시간을 소중히 여기며 평안한 미소를 잃지 않으셨고 어떤 가족은 사랑하는 이를 떠나보내는 아픔을 함께 나누며 서로를 위로했다. 이런 모습을 지켜보면서 우리는 호스피스 완화의료가 단순히 의학적 치료가 아니라 인간다운 마지막을 위한 전인적 돌봄임을 깨달을 수 있었다.

하지만 여전히 한계는 존재했다. 더 넓은 돌봄을 위한 꿈은 현실의 제약과 부딪혔다. 말기 암 환자뿐만 아니라 말기 폐질환, 말기 간질환, 비암성 환자, 가정형 호스피스까지. 생애 말기를 맞이한 모든 이에게 적절한 돌봄을 제공하고 싶다는 꿈. 그 꿈이 단순한 이상이 아니라 실제 현장에서 환자를 돌보며 절실히 느낀 필요에서 나온 것임을 안다.

현재의 호스피스 완화의료 제도는 주로 말기 암 환자에게 집중되어 있다. 하지만 실제 현장에서는 말기 심부전, 만성폐쇄성폐질환, 간경화, 신부전 등으로 고통받는 환자도 많다. 이들 역시 호스피스 완화의료의 도움이 절실히 필요하지만 제도적 제약으로 인해 적절한 돌봄을 받지 못하는 경우가 많다.

또한 가정형 호스피스의 필요성도 절실하다. 모든 환자가 병원에서 마지막을 맞이하기를 원하는 것은 아니다. 자신이 살아온 집에서 가족들과 함께 평안한 마지막을 맞이하고 싶어 하는 분도 많다. 이런 분을 위해서는 가정에서도 전문적인 호스피스 돌봄을 제공할 수 있는 시스템이 필요하다.

1년간 문을 닫았던 아픈 기억이 있는 그 공간이 지금은 말기 암 환자들에게 희망과 용기, 사랑을 전하는 곳이 되었다. 실패의 아픔이 더 나은 돌봄의 밑거름이 되었고 좌절의 경험이 더 단단한 의지로 변화했다. 이는 우리에게 실패가 끝이 아니라 새로운 시작의 기회가 될 수 있음을 보여주었다.

호스피스 완화의료 병동의 변화 과정을 통해 우리가 배운 가장 중요한 교훈은 환자 중심의 돌봄이 무엇인지에 대한 것이었다. 의료진이 생각하는 최선의 치료와 환자가 원하는 것 사이에는 때로 간극이 있을 수 있다. 중요한 것은 환자의 목소리에 귀 기울이고 그들의 가치관과 바람을 존중하는 것이다.

이러한 철학은 호스피스 완화의료에만 국한되지 않는다. 모든 의료 영역에서 환자를 중심에 두고 그들의 삶의 질과 존엄성을 최우선으로 고려하는 접근이 필요하다. 호스피스 완화의료 병동에서의 경험은 이러한 철학을 구현하는 구체적인 방법을 찾아가는 과정이기도 했다.

앞으로의 과제는 이러한 철학과 경험을 더 많이 확산시켜 나가는 것이다. 호스피스 완화의료가 특별한 병동에서만 이루어지는 것이 아니라 모든 의료 현장에서 자연스럽게 스며들도록 하는 것이 목표다. 또한 제도적 개선을 통해 더 많은 환자가 필요한 돌봄을 받을 수 있도록 하는 것도 중요한 과제다.

호스피스 완화의료 병동은 마지막 여행을 떠나는 이를 위한 가장 따뜻하고 존엄한 배웅의 공간이다. 그리고 그 공간을 지키는 이의 간절한 외침이 언젠가는 더 많은 이에게 닿기를, 더 나은 정책으로 이어지기를, 더 많은 환자가 적절한 돌봄을 받을 수 있기를 꿈꾼다.

실패에서 시작된 이 여정이 이제는 희망의 공간으로 자리 잡았다. 하지만 여기서 멈추지 않고 계속해서 더 나은 돌봄을 위해 노력해 나갈 것이다. 아픔이 희망으로 피어나는 이 공간에서 우리는 매일 새로운 배움과 성장을 경험하고 있다. 그리고 그 배움과 성장이 더 많은 환자와 가족에게 작은 위로와 큰 희망이 되기를 바란다.

조용한 손길이 지켜낸 질서

정거장에서 만난 동행자들

요양병원을 "종착역이 아닌 정거장"이라고 말할 때, 그 정거장에서 환자와 가장 오래, 가장 가까이에서 여정을 함께하는 이가 있다. 바로 간호사다. 이들은 단순히 의료 서비스를 제공하는 사람이 아니라 환자의 하루하루를 함께 견디고 작은 변화를 함께 기뻐하며 때로는 침묵 속에서도 곁을 지키는 진정한 동행자다. 지난 10년간 요양병원을 운영하면서 내가 가장 깊이 느낀 것은 간호사의 존재 자체가 이곳을 단순한 의료기관이 아닌 삶의 정거장으로 만드는 핵심이라는 사실이다.

아침 7시 30분, 하루의 첫 인계가 시작된다. 야간을 지새운 간호사가 주간 간호사에게 건네는 것은 단순한 정보가 아니다. "3호실 할머니께서 새벽 4시경 잠시 깨셔서 물을 찾으셨어요.

평소보다 많이 드셨네요." "7호실 어르신은 밤새 편안하게 주무셨고 섬망 증상도 없었습니다." "혈압이 불안정했던 12호실 분은 밤 11시 이후로는 안정되셨어요." 이런 한 마디 한 마디 속에는 환자 개개인의 밤이 담겨 있다. 누군가의 밤을 지켜본 사람이 다른 누군가에게 그 밤의 이야기를 전하는 것, 이것이야말로 정거장에서의 동행이 갖는 연속성이다. 환자에게는 새로운 간호사를 만나는 것이지만 그 간호사는 이미 어젯밤의 이야기를 알고 있다. 이런 연결감이 환자로 하여금 이곳에서 내가 혼자가 아니라는 안정감을 느끼게 한다.

이들의 하루는 예측할 수 없는 변화의 연속이다. 회진을 준비하던 중 갑작스러운 혈압 상승, 식사 중 발생하는 기침, 침대에서의 낙상 위험까지. 진짜 간호는 정해진 스케줄 사이사이에서 일어난다. 어느 토요일, 세 번의 응급 전원이 연달아 발생했던 날을 기억한다. 코로나로 인공호흡기를 달고 있던 환자가 갑자기 고열을 보였고 폐암으로 항암 치료를 받던 분이 밤새 가래로 고생했으며 흉수가 찬 또 다른 환자는 호흡곤란을 호소했다. 그런 급박한 상황에서도 간호사는 환자 라인을 정리하러 가다가 돌아보며 환하게 웃어주었다. "원장님, 우리 오늘도 비급여 영양제 많이 놨어요." 농담을 섞어가며 상황을 밝게 만드는 그들의 여유로움에서 진정한 프로페셔널리즘을 보았다.

회진을 돌다 보면 간호사의 세심함에 놀라게 된다. 식사 시간에도 간호사는 환자의 상태를 파악하고 있다. 식사하시는 모습만 봐도 환자의 경과를 알 수 있다는 이들의 관찰력은 의사에게도 소중한 정보가 된다. 이런 일상적 관찰이 모여 환자의 전체적인 상태를 파악하는 중요한 단서가 된다.

한 환자가 복약을 거부하며 화를 낼 때, 간호사는 강제나 설득 이전에 먼저 들어주기를 택한다. "왜 이 약을 먹기 싫으세요? 어디가 불편하신가요?" 고통의 의미를 이해하려 하고 어르신의 말을 끝까지 들어주려 한다. 이런 태도에서 시작된 신뢰는 종종 환자가 다시 마음을 열고 치료에 협조하는 결정적 계기가 된다. 회복기 환자가 혼자 일어나려 할 때도 마찬가지다. "원장님, 환자분이 자꾸 혼자 내려오려고 하세요." 간병 여사님이 웃으며 이야기하지만 그 속에는 낙상 사고를 미리 방지하려는 세심함이 담겨 있다. 꽁꽁 묶어놓을 수도 없고 마냥 자유롭게 할 수도 없는 미묘한 경계에서 이들은 환자의 회복 의지와 안전 사이의 균형을 찾아간다.

10년간 이곳을 지켜보면서 나는 간호사의 감정노동이 단순한 소모가 아님을 깨달았다. 처음에는 매일 다양한 환자와 보호자를 만나고 낙담한 보호자의 눈물을 받아주며 환자의 분노에 차분히 대응하는 것이 얼마나 힘든 일인지만 보였다. 하지만 시간이 지나면서 이것이 정서적 동행이라는 더 깊은 의미를 갖는다는 것을 이해하게 되었다. 간호사는 환자의 감정을 단순히 받아내는 것이 아니라 그 감정을 통해 환자의 내면을 읽고 진정 필요한 것이 무엇인지를 파악해 간다. 분노 뒤에 숨은 불안을, 무관심 뒤에 숨은 절망을, 고집 뒤에 숨은 두려움을 알아차리는 것이다. 이것이 바로 "진료는 기술이 아닌 태도"라는 말이 가장 구체적인 모습으로 구현되는 순간이 아닐까?

교대근무는 이들에게 또 다른 차원의 도전이다. 야간 근무 다음날의 무거운 몸, 흔들리는 생체 리듬, 가족과 엇갈리는 시간. 하지만 놀라운 것은 이런 개인적 어려움 속에서도 이들이 환자를 먼저 챙긴다는 점이다. 입원환자의 두통 증상을 조기에 발견해 대응하거나 보호자가 놓친 복약 기록을 세심하게 확인해 주는 일 등 무수히 쌓여만 가는 선택의 순간이나 새벽 5시에 시작되는 회진 준비부터 오후 늦게까지 이어지는 퇴원 교육까지. 이들의 하루는 쉴 틈이 없지만 그 와중에도 이들은 환자 중심의 사고를 놓지 않는다.

365일 24시간, 누군가는 병동을 지키고 있기에 우리는 오늘 밤도 쉴 수 있다. 일요일 밤에 응급도 아닌 상황에서 보호자의 불안함에 주치의에게 연락하는 간호사의 마음이 편하지만은 않을 것이다. "이런 걸 가지고 연락하나?"는 핀잔을 들을 수도 있고 읽씹을 당할 수도 있다. 하지만 그런 위험을 감수하면서도 환자와 보호자의 안정을 위해 연락을 취하는 것, 그것이 이들의 책임감이다. 병원 불빛을 보며 환자들이 걱정되어 들르게 되는 것은 의사만의 숙명이 아니다. 간호사도 퇴근 후에도 환자가 머릿속을 떠나지 않는다. 특히 상태가 불안정한 환자가 있을 때면 더욱 그렇다. 벤틸레이터 위닝을 시도하는 할머니가 계속 숨을 잘 쉬고 계실지, 섬망이 심했던 환자가 밤에 힘들어하지는 않을지, 이런 걱정들이 이들의 일상에 녹아있다.

특히 감염관리가 일상화된 요즘, 이들의 역할은 더욱 중요해졌다. 손 위생 관리, 보호구 착용, 격리 관리까지, 이 모든 것이 간호사 개개인의 철저한 습관화 없이는 불가능하다. 하지만 이들이 지키는 것은 단순한 규정이 아니다. 환자의 안전이고 병동의 평안이며 궁극적으로는 이곳이 환자에게 진정한 안전한 정거장이 될 수 있도록 하는 기반이다. 병동의 정돈된 분위기와 낮은 감염률은 우연이 아니라 수많은 간호사의 눈에 띄지 않는 노력의 결과다.

그렇다면 이들을 움직이는 힘은 무엇일까? 지난 10년간 수많은 간호사와 함께 일하면서 발견한 것은 이들 마음 깊은 곳에 있는 연결의 욕구였다. 의료진 간의 인계는 단순한 정보 공유를 넘어 같은 배를 탄 사람이라는 의식의 표현이다. 병동 내에서 이루어지는 질 향상 활동, 매월 진행되는 케이스 회의, 간호사 간의 피드백 문화는 이 조직이 단지 업무를 수행하는 집단이 아니라 서로를 성장시키는 배움의 공동체임을 보여준다. 힘든 순간에 동료가 건네는 커피 한 잔, 야간 근무자를 위해 남겨두는 간단한 메모, 교대 시간에 나누는 피곤한 웃음 속에는 단순한 동료애를 넘어서는 공동체 의식이 살아 있다.

20명의 요양보호사와 아픈 이별을 해야 했던 그해 여름이 생각난다. 3년간 15억의 인건비를 병원이 부담하며 정직원으로 채용했던 간병 인력을 외주로 돌릴 수밖에 없었던 그 현실적 선택. 개원 이래로 우리 병원 간병인은 모두 요양보호사 자격이 있는 정직원으로 채용하여 운영해 왔었다. 4대 보험 적용, 유급휴가, 퇴직금, 안정적인 근무 환경 등 정규직으로서의 모든 혜택을 제공하며 간병비는 한 푼도 환자와 보호자에게 청구하지 않았다. 비정규직 없는 직장, 환자에게 간병비 부담 없는 병원을 만들고 싶었던 그 꿈이 현실의 벽에 부딪혔을 때, 가장 아팠던 것은 함께 환자를 돌보며 쌓아온 시간, 정직원으로서 가졌던 소속감과 안정감을 빼앗아야 하는 미안함이었다. 순진했던 거라고 자조하며 악덕 업주라고 스스로를 칭했지만 그 마음의 무거움 자체가 여전히 직원을 생각하는 마음이 살아있다는 증거였다고 말하면 조금 변명이 될 수 있으려나.

어느 날 한 간호사가 나에게 이런 말을 했다. "원장님, 처음에는 이 일이 힘들다고만 생각했는데 지금은 제가 누군가의 하루를 조금이라도 나아지게 만들 수 있다는 게 신기해요." 이 말에서 나는 간호사 한 사람 한 사람이 단순한 업무 수행자에서 진정한 치유자로 성장해 가는 과정을 본다. 하루를 잘 버텨냈다는 말 대신 오늘도 누군가에게 도움이 되었다는 감정을 품고 퇴근하고 다시 다음 교대를 위해 병원 문을 열며 환자의 안정을 위한 따뜻함을 이어가는 반복을 통해서.

때로는 환자의 상태가 나아지지 않을 때, 간호사도 깊은 무력감을 경험한다. 하지만 바로 그런 순간에 이들이 보여주는 태도가 요양병원의 진정한 가치를 드러낸다. 완치가 목표가 아닌 환자에게 이들은 치료가 아닌 돌봄을 제공한다. 오랜 침묵 끝에 환자가 건네는 한마디 인사, 며칠간 식사를 거르던 환자가 한 숟갈 넘기는 순간, 보호자의 짧은 "감사합니다."라는 말에서 이들은 숫자로 측정할 수 없는 치유의 힘을 발견한다.

정거장에서의 동행은 결국 이런 것이다. 도착지를 알 수 없는 여정이지만 그 여정을 혼자 걷지 않아도 된다는 안정감을 주는 것. 완전한 회복을 약속할 수는 없지만 오늘 하루만큼은 곁에 있어 주겠다는 약속을 지키는 것. 간호사라는 존재 자체가 환자에게는 "여기서 나는 혼자가 아니다."라는 메시지가 된다. 이들의 하루하루가 쌓여서 병원의 문화가 되고 그 문화 속에서 환자들은 단순한 치료 이상의 것을 경험한다. 존중받는 느낌, 돌봄 받는 안정감, 그리고 인간의 존엄성 말이다.

결국 요양병원이 진정한 의미의 정거장이 되려면 그곳에 진심으로 환자와 동행하려는 누군가가 있어야 한다. 간호사는 바로 그런 동행자다. 이들의 손길 하나, 눈빛 하나가 환자의 하루를 바꾸고 나아가 이곳이 단순한 의료기관이 아닌 삶을 돌보는 공간이 되게 한다. 이와 같은 조용하지만 확실한 변화 속에서 우리는 의료의 본질이 무엇인지를 다시 한번 깨닫게 된다. 그렇게 오늘도 점검하고 내일도 또 돌아보며 우리는 이 소중한 일을 계속해 나간다.

안전한 정거장을 지키는 전쟁

　요양병원을 환자들의 정거장이라고 부를 때, 그 정거장이 진정 안전한 곳이 되기 위해서는 보이지 않는 전쟁을 치러야 한다. 그 전쟁의 상대는 바로 감염이다. 눈에 보이지 않기에 더욱 무섭고 예측하기 어렵기에 더욱 철저한 준비가 필요한 적이다. 지난 10년간 요양병원을 운영하면서 내가 가장 깊이 깨달은 것은 감염관리가 단순한 위생 관리가 아니라 환자들이 안심하고 머물 수 있는 안전한 정거장을 만드는 가장 기본적이면서도 가장 중요한 토대라는 사실이었다.

　개원 초기, 나는 감염관리를 상당히 단순하게 생각했다. 손 씻기, 마스크 착용, 정기적 소독 정도면 충분할 것이라고 여겼다. 하지만 첫해에 경험한 다제내성균 집단 발생 사건은 나의 안일한 생각을 완전히 뒤바꿨다. 한 명의 환자에서 시작된 감염이 같은 병실의 다른 환자에게 전파되고 결국 병동 전체가 격리 상태에 들어가는 상황을 목격하면서 나는 깨달았다. 감염관리는 선택이 아니라 필수이며 완벽함이 아니라 지속적인 경계와 노력이 필요한 영역이라는 것을. 그날 밤, 격리된 병실을 바라보며 환자와 가족의 불안한 표정을 잊을 수 없었다. 정거장에서 더 아프게 될 수도 있다는 두려움을 갖게 해서는 안 된다고 다짐했다.

감염관리 담당자와 매일 진행하는 점검은 이제 요양병원의 일상이 되었다. 손 위생 이행률, 보호구 착용 현황, 격리 대상자의 변화, 신규 환자의 감염 위험도까지 빠짐없이 살펴본다. 특히 요양병원의 특성상 환자들이 장기간 동일한 공간에서 생활하기 때문에 한 번의 방심이 돌이킬 수 없는 결과를 가져올 수 있다. 그렇기에 예방은 선택이 아니라 존재의 문제다. 하지만 이 과정에서 내가 배운 가장 중요한 교훈은 감염관리가 기계적인 매뉴얼 준수가 아니라 병원 전체가 하나의 팀으로 움직이는 문화적 실천이어야 한다는 점이었다.

감염관리의 핵심은 결국 기본에 있다. 손을 자주, 올바르게 씻는 것. 마스크를 정확히 착용하는 것. 스크린을 적절히 설치

하고 유지하는 것. 모두가 알고 있지만 자칫 소홀해지기 쉬운 이런 기본들이 실제로는 가장 강력한 무기가 된다. 처음에는 직원에게 이런 기본들을 지켜야 할 규칙으로만 설명했지만 시간이 지나면서 깨달았다. 이것들이 단순한 규칙이 아니라 환자를 향한 우리의 마음을 표현하는 방식이라는 것을. 손을 씻는 것은 단순한 위생 행위가 아니라 당신을 안전하게 돌보겠다는 약속의 표현이고 보호구를 정확히 착용하는 것은 당신과 다른 환자들 모두를 지키겠다는 책임감의 구현이다.

코로나19 팬데믹은 우리의 감염관리 체계를 완전히 새로운 차원으로 끌어올렸다. 하루아침에 면회 금지, 선별 진료 체계 강화, 전 직원 마스크 의무화 등 이전에는 상상도 할 수 없었던 조치를 시행해야 했다. 처음에는 환자와 가족의 거센 반발에 부딪혔다. "왜 가족을 만날 수 없느냐?", "너무 과도한 것 아니냐?"는 항의가 쏟아졌다. 하지만 그 과정을 통해 더욱 확신할 수 있었다. 진정한 돌봄은 때로는 엄격함을 요구한다는 것을. 환자의 즉각적인 만족보다 궁극적인 안전을 택하는 것이 진정한 의료인의 책임이라는 것을. 몇 달 후, 코로나19로부터 안전하게 보호받았다는 것을 깨달은 환자와 가족이 오히려 감사 인사를 전해왔고 우리는 우리의 선택에 확신을 가질 수 있었다.

하지만 가장 어려운 것은 기술적 측면이 아니라 사람의 마음을 하나로 모으는 일이었다. 감염관리는 혼자서는 절대 할 수 없는 일이다. 의사 한 명이 아무리 철저해도, 간호사 한 명이 아무리 주의해도, 다른 직원 중 한 명이라도 방심하면 모든 노력이 무너질 수 있다. 그렇기에 감염관리 교육을 할 때마다 나는 강조한다. "우리는 단순히 규칙을 지키는 것이 아닙니다. 환자가 이곳에서 더 건강해져서 나갈 수 있도록 돕는 일을 하고 있는 것입니다." 감염관리 담당자를 단속자가 아닌 동반자로, 감염관리 지침을 억압이 아닌 보호의 도구로 인식할 수 있도록 지속적으로 소통해 왔다.

때로는 완벽을 추구하다가 인간적인 배려를 놓칠 뻔한 순간들도 있었다. 다제내성균에 감염된 환자를 격리하면서 가족과의 면회를 엄격히 제한했을 때, 그 환자가 느꼈을 외로움과 소외감을 뒤늦게 깨달은 적이 있다. 그 이후로는 감염관리와 인간적 돌봄 사이의 균형점을 찾기 위해 더욱 세심하게 노력하고 있다. 격리가 필요한 환자에게는 더 자주 방문하여 말벗이 되어주고 가족과의 영상통화를 도와주며 심리적 지지를 아끼지 않는다. 안전한 정거장이란 단순히 감염이 없는 공간이 아니라 환자가 인간의 존엄성을 잃지 않으면서도 안전하게 보호받을 수 있는 공간이어야 한다는 것을 배웠다.

지금도 매일 오후 병동을 돌며 감염관리 상황을 점검한다. 스크린이 올바르게 설치되어 있는지, 보호구가 적절히 착용되고 있는지, 격리 환자의 상태는 어떤지 하나하나 확인한다. 이런 일상적인 점검이 때로는 지루하게 느껴질 수도 있지만 나는 이것이 우리가 치르는 보이지 않는 전쟁의 가장 중요한 부분이라고 생각한다. 화려하지도 않고 겉으로 드러나지도 않지만 이런 작은 실천들이 모여서 환자가 안심하고 머물 수 있는 정거장을 만들어간다.

10년이 지난 지금, 나는 감염관리가 요양병원 운영의 기술적 요소가 아니라 철학적 기반이라는 것을 확신한다. 요양병원은 그곳을 찾은 환자를 위한 정거장이어야 한다. 그리고 그 정거장이 진정 의미를 가지려면 환자가 그곳에서 더 아프지 않을 것이라는 확신을 가질 수 있어야 한다. 감염관리는 바로 그런 확신을 만들어가는 일이다. 보이지 않는 적과의 전쟁이지만 그 전쟁의 목적은 파괴가 아니라 보호이고 그 방법은 대립이 아니라 협력이며 그 결과는 승리가 아니라 안전이다. 오늘도 우리는 이 조용한 전쟁을 계속한다. 환자가 안심하고 쉴 수 있는 정거장을 지키기 위해서.

정거장을 떠받치는 기둥

요양병원을 "정거장"이라고 할 때, 그 정거장이 든든하게 서 있을 수 있는 이유는 무엇일까? 승객이 안심하고 머물며 다음 여정을 준비할 수 있는 이유는 무엇일까? 그것은 바로 보이지 않는 곳에서 정거장을 떠받치고 있는 수많은 기둥 때문이다. 의사와 간호사가 환자와 직접 만나는 무대 위의 주인공이라면 진료 지원 부서는 그 무대를 든든하게 지탱하는 무대 아래의 기둥이다. 지난 10년간 요양병원을 운영하면서 내가 가장 깊이 깨달은 것은 이 보이지 않는 기둥 없이는 아무리 훌륭한 의료진이 있어도 진정한 의미의 치료와 돌봄이 불가능하다는 사실이었다.

처음 병원을 개원할 때, 나는 의사와 간호사만 있으면 병원이 운영될 것이라고 단순하게 생각했다. 하지만 첫 달을 보내면서 현실은 전혀 달랐다. 환자가 입원하려 해도 원무 업무가 제대로 되지 않아 혼란이 생겼고 진단을 위한 검사 결과가 지연되어 치료 계획을 세우지 못했으며 환자별 식단 관리가 안 되어 치료 효과가 반감되었다. 무엇보다 각 부서 간의 소통이 원활하지 않아 환자 한 명을 제대로 돌보는 것조차 어려웠다. 그때 깨달았다. 병원은 단순히 의료진의 집합이 아니라 수많은 전문 부서가 유기적으로 연결된 하나의 생태계라는 것을. 그리고 그 생태계의 모든 구성원이 자신의 역할을 제대로 할 때만 환자에게 진정한 치료와 돌봄을 제공할 수 있다는 것을.

원무과는 환자와 가족이 처음 만나는 병원의 얼굴이다. 하지만 단순히 첫인상만이 아닌, 환자의 전체 여정을 설계하고 안내하는 핵심 부서다. 입원 상담을 진행하면서 환자와 가족의 불안을 파악하고 그들이 무엇을 기대하고 무엇을 두려워하는지를 세심하게 들여다본다. "어머님 상태가 어떻게 될까요?", "얼마나 입원해야 할까요?", "비용은 얼마나 들까요?"라는 질문들 뒤에 숨어 있는 진짜 걱정은 "여기서 우리 가족이 잘 돌봄 받을 수 있을까?"라는 것이다. 원무 직원은 이런 불안을 해소하기 위해 단순한 행정 업무를 넘어서 심리적 지지와 안내자 역할을 동시에 수행한다. 퇴원 시에도 마찬가지다. 집으로 돌아가는 환자와 가족에게 필요한 정보와 연계 서비스를 안내하며 정거장에서의 경험이 다음 여정으로 자연스럽게 이어질 수 있도록 돕는다.

영상의학과와 진단검사의학과는 '진실을 밝혀내는 탐정'들이다. 환자의 증상 뒤에 숨어 있는 진짜 원인을 찾아내고 의료진의 판단에 객관적 근거를 제공한다. 하지만 이들과 함께 일하면서 깨달은 것은 이들의 진짜 가치가 단순한 검사에 있지 않다는 점이다. 그들은 환자 개개인의 상황을 이해하고 그에 맞는 최적의 검사 방법을 제안하며 결과를 해석할 때도 환자의 전체적인 맥락을 고려한다. 예를 들어, 같은 혈액 검사 결과라도 환자의 나이, 기저 질환, 복용 약물 등을 종합적으로 고려해야 정확한 의미를 파악할 수 있다. 이들이 제공하는 것은 단순한 숫자가 아니라 환자의 상태와 전망에 대한 통찰이다.

영양과는 '치료하는 주방'이다. 음식을 만드는 것이 아니라 치료 도구로서의 식사를 설계한다. 연하곤란이 있는 환자에게는 안전하게 삼킬 수 있는 형태의 음식을, 당뇨 환자에게는 혈당 조절에 도움이 되는 식단을, 신장 질환 환자에게는 단백질과 나트륨을 조절한 메뉴를 제공한다. 하지만 이들의 진짜 어

려움은 치료 효과와 환자 만족 사이의 균형을 찾는 일이다. 의학적으로는 완벽한 식단이라도 환자가 먹기 싫어하면 소용없고 맛있다고 해서 치료에 방해가 되는 음식을 제공할 수도 없다. 영양사들은 매일 이런 딜레마 속에서 환자 한 명 한 명의 상태와 기호를 고려한 맞춤형 치료 식단을 만들어낸다.

약제과는 '안전의 마지막 방어선'이다. 의사의 처방이 환자에게 전달되기까지의 모든 과정을 책임진다. 처방의 적절성을 검토하고 약물 간 상호작용을 확인하며 환자의 알레르기나 기존 복용 약물과의 충돌 가능성을 점검한다. 특히 요양병원의 고령 환자는 여러 가지 약물을 동시에 복용하는 경우가 많아서 약제사의 판단이 환자 안전과 직결된다. 하지만 이들의 역할은 단지 이런 감시에 그치지 않는다. 새로운 약물이 도입될 때 의료진을 교육하고 환자와 가족에게 복용법을 설명하며 부작용이 발생했을 때 필요한 대응 방안을 제시하는 것 또한 이들의 역할이기 때문이다. 약제과는 단순히 약을 나누어주는 곳이 아니라 약물 치료의 전 과정을 관리하는 전문 부서다.

물리치료실은 '희망을 되찾는 공간'이다. 침대에 누워있던 환자가 다시 앉을 수 있게 되고 휠체어에 의존하던 환자가 보행기의 도움으로라도 걸을 수 있게 되는 순간들이 만들어지는

곳이다. 하지만 물리치료사들이 마주하는 가장 큰 도전은 환자의 의욕을 되살리는 일이다. 이제 나이도 많은데 뭘 그렇게까지 하냐고 포기하는 환자에게 "조금만 더 해보시면 분명 나아질 겁니다."라고 격려하며 작은 변화라도 환자와 가족이 느낄 수 있도록 구체적인 목표를 설정한다. 그들이 제공하는 것은 단순한 운동이 아니라 삶을 살아갈 수 있다는 희망이다.

이런 여러 부서가 진정한 힘을 발휘하는 순간은 따로따로 일할 때가 아니라 함께 협력할 때다. 어느 날 오후, 한 환자의 식사량이 급격히 줄어들었다는 보고가 있었다. 주치의는 영양과에 식단 조정을 요청했고 영양사는 환자의 기호를 파악하기 위해 병동을 방문했다. 그 과정에서 물리치료사는 환자의 연하 기능이 떨어진 것 같다고 의견을 제시했고 약제사는 최근 추가된 약물이 식욕에 영향을 줄 수 있다고 정보를 제공했다. 결국 여러 부서의 협력으로 문제의 원인을 찾아내고 해결책을 마련할 수 있었다. 이런 순간이 쌓여서 요양병원이라는 정거장이 환자에게 진정으로 도움이 되는 공간으로 기능하게 된다.

10년이 지난 지금, 나는 이런 깨달음을 얻었다. 요양병원에서 가장 중요한 것은 스타 플레이어가 아니라 팀워크라는 것을. 아무리 훌륭한 의사가 있어도, 아무리 헌신적인 간호사가 있어도, 이들을 뒷받침하는 진료 지원 부서가 제대로 기능하지 않으면 환자에게 완전한 돌봄을 제공할 수 없다는 것을. 진료 지원 부서가 자신의 전문성을 발휘하고 서로 협력할 때, 요양병원은 단순한 머무는 곳을 넘어서 환자의 삶을 개선하는 치유의 공간이 될 수 있다는 것을.

요양병원은 진정한 의미의 정거장이어야 한다. 그리고 그 정거장이 안전하고 편안하며 희망적인 곳이 되려면 그것을 떠받치고 있는 보이지 않는 기둥이 튼튼해야 한다. 원무과의 따뜻한 안내, 검사실의 정확한 진단, 영양과의 정성스러운 식사, 약제과의 세심한 관리, 물리치료실의 격려와 희망. 이 모든 것이 하나로 어우러질 때 환자는 비로소 이곳에서 진정한 돌봄을 경험하게 된다. 보이지 않는 기둥이 있기에 보이는 무대가 빛날 수 있고, 그 무대 위에서 환자의 새로운 여정이 시작될 수 있는 것이다.

정거장에서의 작은 약속

새벽 5시 30분, 3병동에서 낙상사고 신고가 들어왔다. 박○○ 님이 화장실 가시다가 넘어지셨다는 것이다. 다행히 큰 외상은 없었지만 무릎에 멍이 들고 왼쪽 엉덩이 부위에 통증을 호소하고 계신다. 야간 간호사는 즉시 활력징후를 확인하고 주치의에게 연락했으며 낙상사고 보고서를 작성하기 시작했다. 환자 안전사고 신고는 24시간 이내에 완료되어야 하고 원인 분석과 재발 방지 대책까지 수립해야 한다.

이런 순간이 바로 요양병원에서 환자 안전의 현실을 보여준다. 환자 안전이란 거창한 시스템이나 복잡한 매뉴얼이 아니라 매일매일 우리가 환자와 주고받는 작은 약속의 연속이다. "화장실 가실 때 꼭 부르세요." "침대에서 내려오실 때 난간을 잡으세요." "어지러우시면 바로 말씀해 주세요." 이런 소소한 당부들이 모여서 환자의 안전을 지킨다. "정거장으로서의 요양병원"이 진정한 의미를 가지려면 바로 이런 안전한 환경이 전제될 수 있어야 한다.

요양병원에서 고령자 회복기, 아급성기 환자를 보다 보면 "원장님, 환자분이 자꾸 혼자 내려오려고 하세요."라는 간병 여사님의 보고를 자주 듣게 된다. 와상 상태였던 환자분이 회복되면 조금씩 움직임이 늘어나게 된다. 몸의 회복을 통해 본인 또한 의지가 생기기에 더 많이 움직이려 하지만 이런 경우 아직은 혼자 움직이기에 위험한 경우가 많다. 마음은 회복이 금방 될 것 같지만 몸은 맘처럼 회복이 바로 되지 않고 늦게 따라오기 때문에 "어머니, 몸을 기다려 주시고 참아주시고 천천히 사고 없이 회복하셔야 합니다."라고 말씀드리곤 한다.

그러나 불행한 경우, 이런 상황은 낙상으로 인한 골절 발생으로 이어지기도 하고 그로 인해 다시 와상 상태가 되는 경우도 생길 수 있다. 이런 상황은 환자에게도 불행이지만 병원에게는 재난이다. 의료진과 직원의 낙심은 두말할 것도 없고 법적 분쟁으로 이어질 수도 있기 때문이다. 요양병원 입장에서는 억울한 것도 사실이다. "아니, 우리가 일부러 두들겨 팬 것도 아니고 밀쳐낸 것도 아닌데."라는 생각이 들기도 한다. 못 움직이게 꽁꽁 묶어놓을 수도 없고 마냥 자유롭게 행동하시라고 할 수도 없다. 그럼에도 병원은 할 말이 없다. 낙상으로 인한 사고는 요양병원에서는 일어나서는 안 되는 일이기 때문이다.

낙상사고가 발생했을 때 가장 먼저 해야 할 일은 환자의 상태 확인과 응급처치다. 하지만 그다음 단계가 더 중요하다. 왜 이 사고가 발생했는지, 어떻게 하면 유사한 사고를 예방할 수 있는지를 분석하는 것이다. 박○○ 님의 경우를 보면, 평소 야간에 화장실을 자주 가시는 분이었고 침대 높이 조절이 제대로 되지 않았으며 화장실 입구 조명이 다소 어두웠다는 점들이 복합적으로 작용했을 가능성이 크다. 이런 분석을 통해 우리는 단순히 "조심하세요."라는 당부를 넘어서 구체적인 환경 개선과 돌봄 방식의 변화를 만들 수 있다.

여기에 필수적인 것이 간병 인력이다. 아직 회복이 완전하지 않아 의료와 돌봄이 같이 필요한 환자가 있다. 집으로 가기엔 돌봄이 필요하고 요양시설에 가기엔 의료가 필요한 그 경계의 경우가 있다. 이런 경우 순탄하게 회복하기도 하지만 다시 급성기, 아급성기, 회복기를 반복하기도 하고 그 경과 중에 회복을 못 하는 경우도 있다.

이를 위해 우리는 안심 돌봄 회복팀과 위기 대응팀 같은 조직을 구상하고 있다. 회복이 필요하고 좀 더 자원 투여가 필요한 환자를 선별하여 안전한 회복을 돕고 급성 악화를 조기에 인지하거나 발생 시 즉시 출동하여 빠른 치료 시작과 집중적인 경과 관찰로 더 이상의 악화를 막는 것이다.

요양병원을 개원한 지 10년이 넘었지만 환자 안전에 대한 고민은 여전히 진행형이다. 초기에는 "사고가 나지 않으면 되는 것 아닌가?"라는 단순한 생각을 했었다. 하지만 실제로는 사고를 예방하는 것만큼이나 사고에 대응하는 체계, 그리고 그 과정에서 배우고 개선하는 문화가 중요하다는 것을 알게 되었다. 환자 안전은 결과가 아니라 과정이며 완성이 아니라 지속적인 노력이다.

환자 안전에서 가장 어려운 부분은 표준화와 개별화 사이의 균형을 맞추는 것이다. 모든 환자에게 동일한 안전 수칙을 적용하면 효율적이지만 환자 개개인의 특성과 상황을 고려하지 못할 수 있다. 반대로 환자별 맞춤형 접근을 하면 개별성은 존중되지만 일관성 있는 관리가 어려워진다. 예를 들어 낙상 위험이 높은 환자에게 억제대를 사용하는 것이 안전 수칙일 수 있지만 그것이 환자의 존엄성과 자율성을 해칠 수도 있다. 이런 딜레마 속에서 우리는 환자와 가족, 의료진이 함께 논의하고 합의점을 찾아가는 과정을 거친다.

투약 안전도 마찬가지다. 정확한 환자에게, 정확한 약을, 정확한 용량으로, 정확한 시간에, 정확한 방법으로 투약한다는 5 Right 원칙은 모든 의료진이 알고 있는 기본이다. 하지만 현실에서는 이 원칙을 지키는 것이 생각보다 복잡하다. 인지 기능이 저하된 환자가 약 복용을 거부할 때, 삼킴 곤란이 있는 환자에게 알약을 어떻게 투여할 것인지, 여러 가지 약물을 복용하는 환자에서 상호작용을 어떻게 관리할 것인지 등의 문제들이 매일 발생한다. 이때 중요한 것은 원칙만 적용하는 것이 아니라 환자의 상황에 맞는 최선의 방법을 찾는 것이다.

환자 안전 문화가 제대로 자리 잡기 위해서는 처벌보다는 학습에 집중해야 하고 개인의 책임보다는 시스템 개선에 초점을 맞춰야 한다. "왜 실수했느냐?"고 따지기보다는 실수가 발생할 수 있는 구조적 요인은 없었는지 살피는 것이다. 간호사가 투약 시간을 놓쳤다면 그 간호사의 부주의함을 지적하기 전에 업무량이 과도하지는 않았는지, 투약 알림 시스템이 제대로 작동했는지, 응급 상황으로 인한 업무 중단은 없었는지를 먼저 확인해야 한다. 이런 접근을 통해야 비로소 개인의 노력과 시스템의 지원이 조화를 이룰 수 있다.

코로나19 팬데믹을 거치면서 환자 안전의 개념도 확장되었다. 기존의 낙상, 투약 오류, 감염 등에 더해 격리로 인한 정신적 스트레스, 면회 제한으로 인한 소통 단절, 의료진 부족으로 인한 돌봄 공백 등이 새로운 안전 위험 요소로 대두되었다. 이러한 확장은 단순히 신체적 위해를 방지하는 것을 넘어서 환자의 전인적 안녕을 추구해야 한다는 것을 보여주었다.

환자 안전에서 가장 중요한 것은 작은 것부터 실천하는 것이다. 박○○ 님의 낙상사고 이후 우리는 야간 조명을 개선하고 화장실 가는 길에 안전 손잡이를 추가로 설치했으며 야간 간병 인력 배치를 조정했다. 이런 변화들은 작지만 환자들이 정거장에서 안전하게 머물 수 있는 기반이 된다.

무엇보다 요양병원의 환대와 보호의 가치를 실현하는 것이 진정한 환자 안전이다. hospital이 가진 본래의 의미, 손님을 맞아들이고 보호한다는 뜻을 현장에서 실천하는 요양병원과 종사자는 자부심을 가질 이유가 충분하다. 급성기 치료가 끝난 뒤에도 환자가 안심하고 머무를 수 있는 시간과 장소를 제공하고 의료진은 급하지 않게 충분한 시간을 두고 환자를 만나며 치료의 완료와 재활, 돌봄, 투약 관리를 모두 한 공간에서 조율

한다. 충분한 관찰과 단계별 회복 지원이 가능한 구조에서 환자 안전이 진정한 의미가 있다.

자본주의의 선순환 메커니즘 속에서도 환자 안전은 핵심 가치가 되어야 한다. 더 안전한 병원, 나은 시스템을 이루고자 하는 일은 좋은 의사, 좋은 병원이 되고픈 우리의 열망이며 이를 위해 노력하고 시스템을 만들고 의료 서비스를 제공하는 일 역시 필요한 이에게 더 좋은 서비스로 돌아가는 자본주의의 선순환 메커니즘으로 이어질 것이다.

물론 의료라는 특성을 감안하면 시장에 온전히 맡길 수는 없고 공동체의 규제와 감시 기능이 필요하다. 공적 규제는 안전망을 제공하고 시장의 경쟁은 품질 개선을 이끈다. 의료는 공공성과 시장성이 교차하는 지점이 있으므로 양자 간의 균형과 중심을 잡아야 의료시스템의 지속가능성과 발전을 이끌 수 있고 그래야만 환자 중심의 가치로 수렴될 것이다.

결국 환자 안전은 우리가 환자와 매일 주고받는 작은 약속이다. "안전하게 모시겠습니다." "주의 깊게 돌보겠습니다." "무슨 일이 있어도 함께하겠습니다." 이런 약속이 쌓여서 환자와 가족이 요양병원을 신뢰할 수 있게 되고 의료진도 자기 일에 자부심을 가질 수 있게 된다. 정거장에서 승객이 안심하고 머물 수 있는 것은 바로 이런 보이지 않는 약속 때문이다. 요양병원이라는 정거장에서 우리는 매일 이런 보이지 않는 노력을 쌓아간다. 화려하지는 않지만 꼭 필요한, 티는 안 나지만 없어서는 안 될 그런 일을. 그리고 그 일이 모여 누군가에게는 안전한 피난처가 되고 누군가에게는 회복의 디딤돌이 되며 누군가에게는 평안한 마지막 쉼터가 된다.

환자여정을 기록하는 작은 나침반

 진료 기록은 몇 줄의 간단한 문장에 불과하지만 그 속에는 의료진의 관찰과 공감, 판단과 계획이 모두 담겨 있다. 그것은 변화의 시작을 기록하는 동시에 협업의 문을 여는 열쇠이며, 환자 개개인의 삶을 의료적으로 해석하기 위한 첫걸음이다. "정거장으로서의 요양병원"에서 이 작은 노트는 환자의 여정을 이어가는 나침반 역할을 한다. 정거장에서 다음 목적지로 향하는 승객처럼, 환자의 작은 변화와 회복의 방향을 기록하고 공유하는 도구가 바로 진료 기록이다.

 오전 9시, 3병동 회진이 시작된다. 간호사 스테이션에는 병실별로 정리된 진료 기록이 차례대로 놓여 있다. 김○○ 님의 기록에는 어제 "식사량 30%"라고 기록되어 있지만 오늘 아침 간호사는 평소보다 기력이 떨어져 보인다는 관찰을 추가한다. 혈압과 체온은 정상 범위지만 10년 차 간호사의 경험으로는 뭔가 다르다는 느낌이 있기 때문이다. 이런 미세한 변화를 감지하고 기록하는 것이 진료 기록의 핵심 기능이다.

"식사량 30%"라는 한 줄은 단순한 숫자가 아니다. 이는 식사가 준비된 시간에 환자가 깨어 있었는지, 수저를 직접 들 수 있었는지, 삼킴에 어려움은 없었는지, 식사 중 기분 변화까지 포함한 종합적 판단의 결과다. 또한 이 수치는 단지 식사량만을 의미하지 않는다. 섭식 기능, 인지 상태, 심리적 안정도, 배설 패턴과의 연관성까지 포괄하는 다층적인 신호다. 의료진은 이 한 줄을 통해 환자의 전체적인 상태를 읽어낸다.

실제로 요양병원에서 회진은 고정된 시간에 정해진 루트를 도는 반복적인 행위처럼 보일 수 있지만 실제로는 반복 속에서 익숙함에 지지 않고 매 순간 어제와 오늘의 차이를 감지하는 고도의 민감함이 요구된다. 요양병원 회진은 비가 오고 바람이 불고 태풍이 몰려올 것을 대비해 매일 제방을 점검하고 보수하는 일에 가깝다. 작은 균열을 찾아 메꾸고 약한 부분을 다져 두지 않으면 어느 날 많은 물에 쓸려갈 수 있다. 회진은 병동 곳곳을 살피며 무너지기 쉬운 곳을 보수하고 약한 부분을 메우는 일이다. 비록 항상 불만이 있던 보호자에게 만족을 드리진 못할지라도 이런 작은 움직임이 갑작스러운 폭우에도 제방이 무너지지 않게 지탱해 줄 것이라 믿는다.

진료 기록은 병동 내 여러 직종 간의 협업을 가능하게 하는 공용 언어의 기능을 한다. 의사가 회진 중 느낀 감각과 판단을 간결하게 기록하면 이후 이 내용을 간호사, 재활치료사, 사회복지사, 영양사 등 다른 직군이 공유하며 환자에 대한 총체적인 그림을 그릴 수 있게 된다. 특히 전산 차트가 중심이 된 요즘의 의료 현장에서도 이런 기록은 여전히 중요한 역할을 한다. 디지털 기록이 정보의 집합이라면 진료 기록은 그 정보들 사이의 맥락을 짚어주는 도구다.

말수가 줄어든 환자, 미세한 부종의 증가, 눈빛 속의 불안 등 겉보기에 사소해 보이는 변화도 빠짐없이 기록되어야 한다. 개원 10년 동안 경험한 것은 이런 작은 변화들이 때로는 중대한 의료적 변화의 전조가 될 수 있다는 점이다. "야, 담당의가 환자 안 보면 환자가 죽어."라고 말하던 요양병원 선배의 지나가던 가벼운 이야기가 자꾸 되새김질 된다. "환자만 안정적이고 직원 문제만 없으면 얼마나 좋을까?" 하며 소주 한잔 기울이던 동료들의 한숨도 생각난다.

의료진 간 소통의 고리로서 진료 기록이 중요한 이유는 회진 중에 실시간으로 발생하는 변수를 포착하고 대응하는 데 있다. 갑작스러운 통증 호소, 낙상 직후의 혼란, 급작스러운 의식 저하 등 예측할 수 없는 상황은 회진 중에도 언제든 발생할 수 있다. 이때 간호사는 즉시 환자의 상태를 요약해 의사에게 전달하고 의사는 그 내용을 진료 기록에 반영하여 후속 조처를 한다. 만약 이런 기록이 없다면 다음 교대 간호사에게 이 중요한 변화가 온전히 전달되지 못할 수 있다. 진료 기록은 그렇게 구두 인계의 한계를 보완하는 강력한 문서 도구가 된다.

실제 현장에서는 다양한 응급 상황들이 연일 발생한다. 금요일에 혈색소가 6점대로 떨어져 수혈했는데 수액이 좀 많이 들어가고 상대적으로 소변량이 줄어들었고 얼굴 부종이 있었다는 내용이다. 바이탈은 흔들리지 않았기에 응급 상황까지는 아니었지만 나빠지고 있는 것은 분명해 보였다. 이런 순간에 적절히 작성된 기록은 주치의와 당직 의료진, 그리고 보호자 사이의 소통을 원활하게 해주는 핵심 도구가 된다.

주말 저녁의 병동 순례에서도 진료 기록의 중요성을 확인할 수 있다. 병원에 온 김에 인공호흡기를 달고 있는 다른 환자도 보고 야간 섬망이 심했던 환자도 얼굴을 살펴보고 호스피스 병동에도 들려보게 된다. 그렇다고 일하고 있는 병동 선생님을 무리하게 괴롭히지도 않는다. 조용히 지나가며 꼭 지금 해결해야 할 일이 있으면 들어주고 그렇지 않으면 하던 일 하도록 놔두는 것이 직원을 위한 일이다. 그리고 잠시 이전 진료 기록을 확인하면 충분하다.

한편으로 진료 기록은 의료진의 간절한 마음을 담아내는 공간이기도 하다. 벤틸레이터 위닝 할머니가 계속 숨을 잘 쉬시기를 바라는 마음이 그 안에 표현되기 때문이다. 한 달 만에 인공호흡기를 떼려고 하니 경련이 발생해 일주일 뒤에 다시 도전하려던 중 고열이 발생한 상황. 일단 낮에는 인공호흡기를 떼고 밤에는 다시 달고 주말에 별일 없으면 다음 주에는 완전히 떼고 산소도 떼보자는 계획. 이 모든 과정이 빠짐없이 기록되고 다음 의료진에게 전달되어 단지 치료만이 아닌 그 안의 바람 또한 전달되기에.

흥미로운 점은 병동마다 진료 기록을 다루는 분위기가 다르다는 것이다. 어떤 병동은 간결하고 핵심만 적는 문체를 선호하고, 어떤 병동은 감정이나 환자의 심리까지 포착하여 기록한다. 이 차이는 단지 스타일의 차이가 아니다. 그것은 병동의 조직 문화, 의료진 간 신뢰, 소통의 밀도를 반영한다. 이러한 기록에 충실한 팀은 자연스럽게 회진 외 시간에도 환자에 대한 다양한 피드백이 오가며 병동의 리듬 자체가 유연하고 협력적으로 흐른다. 이처럼 진료 기록은 병원의 진료 감도를 가늠하는 바로미터이기도 하다.

일요일 밤에 바이탈이 흔들리는 응급도 아닌데 보호자가 원장님 불러달라는 문자를 보내는 간호사 선생님의 마음도 편하지 않았을 것이다. "이런 걸 가지고 연락하나?"는 핀잔을 들을 수도 있고 아예 읽씹이나 안읽씹을 당할 수도 있다. 하지만 그 전에 있었던 모든 일을 보고해 주신 선생님께 감사하다. 이 모든 것이 세밀하고 체계적으로 기록되어 전달되어 또 다른 위기를 넘길 수 있었기 때문에 말이다.

결국 진료 기록은 단지 기록을 위한 기록이 아니다. 몇 줄의 메모, 몇 자의 단어 속에 의료진의 관찰과 공감, 판단과 계획이 담긴다. 그 안에서 우리는 다시 묻고 답한다. 그렇게 환자가 정거장에서 다음 여정으로 나아갈 수 있도록 의료진은 이 작은 나침반을 통해 방향을 잡고 길을 안내한다.

정거장을 지키는 보이지 않는 기준

요양병원의 신뢰는 환자와 보호자가 직접 경험하는 진료나 간호만으로 만들어지지 않는다. 그 뒤에서 보이지 않게 존재하는 손들이 끊임없이 기준을 세우고 점검하고 개선하는 조용한 작업이 이어질 때 가능하다. QPS(Quality Planning & Support)는 바로 그런 존재다. 병원 전체의 운영 품질과 환자 안전을 종합적으로 설계하고 조율하는 이 부서는 "정거장으로서의 요양병원"이 안전하고 신뢰할 수 있는 공간으로 유지되도록 하는 보이지 않는 바탕이다. 정거장에서 승객들이 안심하고 머물 수 있는 것은 바로 이런 보이지 않는 기준들이 철저히 지켜지고 있기 때문이다.

QPS팀의 하루는 전날 밤부터 새벽까지 발생한 환자 안전

사고 보고서 검토로 시작된다. 3병동에서 발생한 낙상사고, 2병동에서 보고된 투약 지연 사례, 감염관리실에서 올라온 다제내성균 검출 현황까지. 숫자로만 보면 단순한 통계지만 QPS팀에게는 각각이 개선해야 할 구체적인 과제들이다. "왜 이 사고가 발생했을까?", "어떻게 하면 예방할 수 있을까?", "시스템의 어느 부분을 바꿔야 할까?"라는 질문이 회의실을 채운다. 이런 질문을 반복하면서 우리가 깨달은 것은 환자 안전의 문제는 개인의 실수가 아니라 시스템의 문제라는 점이다.

QPS의 역할은 크게 세 가지로 나눌 수 있다. 첫째는 예방자다. 병원에서 발생할 수 있는 다양한 위험 요소를 사전에 분석하고 예방책을 수립한다. 감염 발생률을 주기적으로 모니터링하고 병동 간 차이점이나 위험 요인을 찾아낸다. 다제내성균이 특정 병동에서 반복적으로 발생한다면 병동 환경, 보호구 착용률, 스크린 격리 적용 여부 등을 다층적으로 검토하고 해당 부서와 협업하여 개선안을 마련한다. 둘째는 분석자다. 환자 안전사고에 대한 보고와 분석을 총괄하며 반복되는 사고 유형을 체계적으로 정리하고 그 패턴을 바탕으로 예방 교육과 프로토콜을 개발한다. 셋째는 교육자다. 퇴원 환자 만족도 조사, 보호자 응대 교육, 심폐소생술 교육 프로그램 등을 통해 병원의 전반적인 문화와 태도를 형성해 나간다.

    QPS의 업무는 때로 보이지 않기에 더욱 어렵다. 환자나 보호자에게 직접 드러나는 성과는 아니지만 이 부서의 역할은 병원에 대한 신뢰를 서서히 쌓아가는 기반이 된다. 예를 들어 손 위생 이행률을 높이기 위한 캠페인을 진행할 때, QPS는 단순히 손을 씻으라고 지시하지 않는다. 왜 손 위생이 중요한지에 대한 근거를 제시하고 실제 감염 사례를 통해 설득하며 손 위생이 쉽게 이루어질 수 있는 환경을 조성한다. 알코올 겔 비치 위치를 조정하고 손 위생 시점을 명확히 하며 실천하기 쉬운 방법을 함께 고민한다.

    특히 요양병원처럼 장기 입원 환자가 많은 환경에서는 지속적인 품질 유지가 중요하다. 초기에 설정한 기준이 시간이 지나며 느슨해지지 않도록 감시하고 현장의 피로감을 줄이면서도 기준의 정합성을 유지하는 일은 QPS가 풀어야 할 과제다. 개원 초기에는 모든 것이 새롭고 긴장감 있게 운영되지만 시간이 지나면서 자칫 해이해질 수 있는 부분을 지속적으로 점검하고 개선해야 한다. 이는 단지 지시와 감시의 문제가 아니라 구조적 변화와 교육의 문제로 이어진다.

    QPS는 칭찬을 받는 부서이기보다 질문을 던지는 부서다.

"왜 이 절차가 지켜지지 않았는가?" "이 프로세스는 지금도 유효한가?" "우리의 기준은 현장을 반영하고 있는가?" 때로는 실무자들과의 긴장도 불가피하지만 이 갈등을 조율하고 새로운 합의를 만들어가는 과정이야말로 QPS의 본질적인 역할이다. **10년간 병원을 운영하면서 배운 것은 실수를 지적하기보다는 실수가 발생하는 구조를 바꾸는 것이 더 효과적이라는 점이다. 그것이 바로 병원의 문화를 바꾸는 방식이다.**

실제로 우리 병원에서 QPS가 만든 변화들은 작지만 의미가 크다. 병원은 수많은 이들이 협업하는 유기체이며 그 안에는 매일 같은 루틴을 반복하면서도 결코 같은 하루를 살지 않는 사람들. QPS는 그 일상의 흐름을 읽고 그 속에서 반복되는 오류를 찾아내고 그것이 더 나은 방식으로 전환될 수 있도록 이끈다. 결국 병원의 신뢰는 이렇게 보이지 않는 손에 의해 조용히, 그러나 확실하게 쌓여간다. 정거장에서 승객들이 안전하게 머물고 다음 여정을 준비할 수 있는 것도 바로 이런 보이지 않는 기준들이 철저히 지켜지고 있기 때문이다.

위기 상황에서의 리더십

2020년 2월 어느 토요일 오후, 병원에 긴급 전화가 걸려 왔다. "원장님, 입원 환자 중 한 분이 코로나 양성으로 나왔습니다." 그 순간 머릿속이 하얘졌다. 그동안 뉴스로만 접했던 코로나가 우리 병원으로 온 것이다. 처음 겪는 상황이었지만 결정을 내려야 했다. 병원 전체를 폐쇄해야 하는지, 직원은 어떻게 해야 하는지, 다른 환자의 안전은 어떻게 보장할지. 그 순간부터 병원 운영의 모든 것이 바뀌었다.

위기는 예고 없이 찾아온다. 개원 후 10년, 나름대로 안정적인 운영 궤도에 올랐다고 생각했는데 갑자기 펼쳐진 미지의 영역이었다. 코로나 확진자가 발생한 요양병원에 대한 지침은 있었지만 현실에서는 매 순간이 판단의 연속이었다. "직원에게 어떻게 설명할까? 환자 가족은 어떻게 안심시킬까? 병원 운영은 계속할 수 있을까?" 이런 질문이 머릿속을 빙빙 돌았다.

첫 번째로 한 일은 직원과의 소통이었다. 불안하고 당황스러운 마음은 나도 마찬가지였지만 리더로서 침착함을 유지해야 했다. 투명한 소통만이 불안을 잠재우고 협력을 끌어낼 수 있다는 믿음이 있었다. 감염관리 지침을 재정비하고 개인보호구를 확보하며 병실 격리와 동선 분리 방안을 마련했다.

하지만 더 큰 시련은 따로 있었다. 코로나 확산 방지를 위한 요양병원 봉쇄 정책이 시행되면서 신규 입원이 거의 중단되었다. 매출은 급감했고 고정비는 그대로였다. 급여는 밀릴 수 없고 의료진 안전을 위한 추가 비용은 계속 발생했다. "이 상황이 언제까지 계속될까? 병원이 버틸 수 있을까?" 밤잠을 이루지 못하는 날이 이어졌다.

그때 떠올린 것이 바로 "정거장으로서의 요양병원" 철학이었다. 환자가 안전하게 머물 수 있는 정거장, 그의 가족이 안심할 수 있는 공간, 직원이 자부심을 품고 일할 수 있는 터전. 이런 가치를 지켜내는 것이 진정한 리더십이라는 생각이 들었다. 단순히 위기를 넘기는 것이 아니라 위기 속에서도 우리가 추구하는 가치를 실현하는 것.

위기 대응의 핵심은 빠른 의사결정과 일관된 메시지였다. 매일 아침 긴급회의를 열어 상황을 점검하고 필요한 조치를 즉시 결정했다. "오늘은 이렇게 하겠습니다."라는 명확한 방향 제시가 혼란을 줄이고 집중력을 높였다. 위기 상황에서는 완벽한 계획보다 신속한 실행이 더 중요하다는 것을 배웠다.

동시에 장기적 관점에서의 체질 개선도 병행했다. 코로나로 인해 암 요양 시장에서 밀려나게 되었지만 오히려 그것이 의료 기능 강화로 방향을 돌리는 계기가 되었다. 고령자 암 환자 치료라는 새로운 영역을 개척하여 비급여 위주의 암 요양에서 의료 기능 중심의 급여 진료로 체질을 바꿔나갔다. 뼈를 깎는 고통이었지만 그 과정에서 병원은 더 단단해졌다.

특히 인상 깊었던 것은 직원의 변화였다. 초기에는 불안해하던 직원들이 점차 위기 상황에 적응하면서 더 강한 팀워크를 보여주었다. 함께 이겨내자는 마음이 형성되었고 각자 맡은 역할에서 평소보다 더 책임감 있는 모습을 보였다. 어려운 시기를 함께 견뎌낸 동료들과의 유대감은 그 이후에도 병원 운영의 든든한 자산이 되었다.

경영적으로도 중요한 깨달음을 얻었다. 위기 대응을 위해서는 평상시 재정 관리가 무엇보다 중요하다는 것이었다. 갑작스

러운 매출 감소에도 최소 3-6개월은 버틸 수 있는 여유 자금, 다양한 수입원 확보, 유연한 비용 구조 등이 위기 극복의 기본 조건이었다. 또한 지역 내 다른 의료기관, 행정기관과의 네트워크도 위기 상황에서 큰 도움이 되었다. 혼자서는 해결할 수 없는 문제를 함께 논의하고 대응할 수 있었다.

그 과정에서 가장 힘들었던 순간은 직원에게 "오늘도 수고해 주셔서 감사합니다."라며 오만 원권을 건네던 토요일 오후였다. 세 번의 응급 전원이 연달아 발생한 바쁜 하루였는데, 밥도 못 먹고 일하는 직원을 보며 미안함과 고마움이 교차했다. 경영이 어려운 상황에서도 직원의 노고에 보답하고 싶은 마음, 하지만 현실적 한계 앞에서 느끼는 무력감. 그런 복잡한 감정이 위기 상황에서의 리더십이 얼마나 무거운 책임인지를 깨닫게 해주었다.

하지만 위기를 겪으며 확신하게 된 것이 있다. 진정한 리더십은 완벽한 해답을 제시하는 것이 아니라 불완전한 상황에서도 함께 길을 찾아가는 것이라는 점이다. 직원과 솔직하게 소통하고 환자와 가족에게 투명하게 설명하며 지역사회와 함께 협력해 나가는 것. 그런 과정을 통해 위기는 오히려 조직을 더 단단하게 만드는 계기가 될 수 있다.

지금 돌이켜보면 코로나 시기는 우리 병원의 전환점이었다. 기존의 안주하던 운영 방식에서 벗어나 더 적극적이고 전문적인 의료기관으로 도약하는 계기가 되었다. 위기 상황에서 내린 의사결정, 직원과 함께 만들어낸 새로운 시스템, 그리고 환자 중심의 가치를 지켜내려 했던 노력이 오늘의 병원을 만들었다.

요양병원을 운영하다 보면 크고 작은 위기 상황은 계속 발생한다. 갑작스러운 환자 악화, 직원 문제, 정책 변화, 경영 악화 등. 그때마다 리더로서 어떤 선택을 하느냐가 병원의 미래를 결정한다. 완벽한 리더는 아니지만 위기 앞에서도 흔들리지 않는 가치와 원칙을 갖고 있다면 언제든 길을 찾을 수 있다는 것을 배웠다. 그리고 그 길은 혼자 가는 것이 아니라 함께하는 이들과 만들어가는 것이라는 점도.

앞으로도 예상치 못한 위기가 기다리고 있을 것이다. 하지만 그때마다 "정거장으로서의 요양병원"이라는 철학을 기억하며 환자와 직원, 그리고 지역사회와 함께 헤쳐나갈 것이다. 위기는 두렵지만 그 속에서 더 나은 병원으로 성장할 기회도 함께 주어진다는 믿음을 갖고.

요양병원이 준비해야 하는 능력

2024년 어느 월요일 오전, 86세 최○○ 님이 입원하셨다. 3개월 전 폐암 4기 진단을 받고 항암치료를 시작했지만 고령이라는 이유로 대학병원에서는 적극적 치료보다는 완화치료를 권유받았다. 하지만 가족들은 포기할 수 없었다. "할머니가 워낙 의지가 강하시거든요. 조금이라도 가능성이 있다면 치료를 받고 싶어 하세요." 이런 분이 바로 우리가 주목한 고령 암 환자다. 90세가 넘어도 항암치료를 받는 시대가 되었지만 정작 이런 환자가 안전하게 치료받을 곳은 마땅치 않다.

전남제일요양병원의 의료 기능 강화는 우연한 기회에서 시작되었다. 코로나 시기 기존 암 요양 시장에서 밀려나면서 생존을 위해 다른 길을 찾아야 했다. 비급여 위주의 암 요양에서

급여 중심의 의료 기능으로 체질을 바꿔야 하는 절박한 상황이었다. 하지만 위기가 기회가 되었다. 마침, 요양병원 의료 기능 강화라는 시대적 화두가 떠오르고 있었고 우리에게는 10여 년간 쌓아온 암 환자 치료 경험이 있었다. 문제는 이것을 어떤 방향으로 활용할 것인가였다.

고민 끝에 찾은 답이 바로 고령 암 환자였다. 당뇨, 고혈압, 파킨슨, 치매, 관절 질환, 뇌졸중 등 각종 만성질환을 앓고 있는 환자들에서 암이 진단되어 치료받는 분들이 급격히 늘어나고 있었다. 70세면 항암치료도 하지 않던 시대를 넘어, 이제는 90세가 넘어도 항암치료를 하는 시대가 된 것이다. 하지만 이런 환자들이 갈 곳은 마땅치 않았다. 대학병원은 여전히 빨리 퇴원시킬 수밖에 없는 상황이고 기존 암 요양병원은 가격도 비싸고 간병인도 없으며 특히 심한 항암 부작용이나 말기 진행 시 대처에 한계가 있었다.

이런 현실에서 우리는 새로운 모델을 만들어갔다. 첫 번째는 의료진 역량 강화였다. 고령자 암 환자는 단순히 암만 치료하면 되는 것이 아니었다. 동반된 만성질환 관리, 항암 부작용 대처, 감염 예방과 치료, 영양 관리, 통증 조절까지 종합적 접근이 필요했다. "폐암 치료를 받으시는 분인데 당뇨도 있고 신부전도 있어서 약물 용량 조절이 까다로워요. 하지만 우리가 해야 할 일이죠." 의료진들의 이런 마음가짐의 변화가 새로운 모델이 가져다 준 가장 큰 자산이다.

두 번째는 시설과 장비 보강이었다. 마약성 진통제를 안전하게 보관하고 사용할 수 있는 시설, 항암 부작용을 신속하게 대처할 수 있는 응급의료 장비, 감염관리를 위한 격리시설 등을 단계적으로 확충했다. 특히 다제내성균 관리에 집중했다. 다제내성균 환자도 받을 수 있는 병원이라는 평판이 생기면서 지역 내 다른 병원에서도 어려운 감염 환자들을 의뢰하기 시작했다. 이는 예상치 못한 부가적 효과였다.

세 번째는 팀 접근법이었다. 의사, 간호사, 약사, 영양사, 재활치료사, 사회복지사가 함께하는 다학제 팀을 구성했다. 매주 컨퍼런스를 통해 환자 상태를 종합적으로 검토하고 치료 계획을 세웠다. "항암치료 계속 받으시면서 재활도 병행하고 통증 조절도 개선되고 있어서 다음 주부터는 식사량도 늘려보겠습니다." 이런 통합적 접근이 환자와 가족에게 큰 만족을 주었다.

하지만 가장 중요한 변화는 직원 내부에서 일어난 생각의 변화였다. 제대로 된 진료를 할 수 있다는 자신감이 생겼다. 처음에는 "고령 암 환자를 우리가 감당할 수 있을까?" 걱정하던

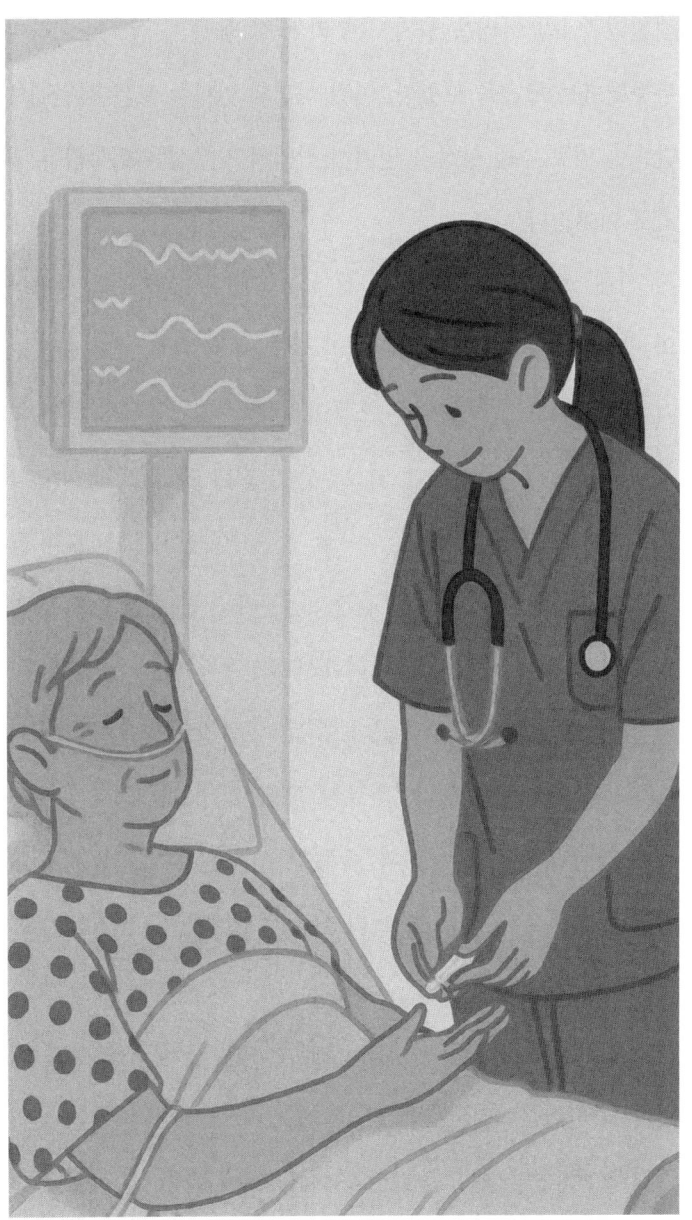

직원이 "이런 어려운 환자도 우리가 잘 돌볼 수 있네요."라며 뿌듯해하는 모습을 보였다. 이런 심경의 변화는 모든 직원에게 단순한 의료 수준 향상을 넘어서 직업적 자부심을 회복하는 결과로 이어졌다.

실제 성과도 눈에 띄었다. 최○○ 님 같은 고령자 암 환자들의 만족도가 높았을 뿐만 아니라 지역 내 평판도 개선되었다. 어려운 환자도 잘 봐준다는 소문이 나면서 입원을 의뢰하는 환자가 늘어났다. 무엇보다 의료진들이 진짜 의료를 하고 있다는 보람을 느끼기 시작했다. "오늘 항암치료 받고 오신 분이 많이 좋아지셨어요. 처음에는 걱정이었는데 정말 잘하신 것 같아요."라는 간호사의 말에서 이러한 변화를 실감할 수 있었다.

물론 쉽지 않은 과정이었다. 의료 기능 강화를 위해서는 지속적인 투자가 필요했다. 의료진 교육, 장비 구입, 시설 개선 등에 상당한 비용이 들었다. 무엇보다 기존에 익숙했던 운영 방식을 바꾸는 것이 가장 어려웠다. 뼈를 깎는 고통이라는 표현이 과장이 아니었다.

그러나 "정거장으로서의 요양병원"이라는 철학은 바로 이런 의료 기능 강화를 통해 구현될 수 있다. 단순히 머무는 곳이 아니다. 다음 단계로 나아가기 위해 준비를 하는 곳, 복잡한 질환을 가진 고령 환자들이 전문적 돌봄을 받을 수 있는 곳이 되어야 한다. 이런 역할을 제대로 하려면 의료 기능 강화는 선택이 아닌 필수다.

최○○ 님은 3개월간의 치료 후 상태가 호전되어 가정으로 돌아가셨다. "처음에는 불안했는데 이곳에서 안전하게 치료받을 수 있어서 정말 감사해요. 할머니도 만족하시고 저희도 안심이 됩니다." 가족들의 이런 반응이 우리가 추구하는 의료 기능 강화의 진정한 의미를 보여준다. 단순히 고급 장비나 갖추는 것이 아니라 환자와 가족이 신뢰할 수 있는 의료 서비스를 제공하는 것. 그것이 요양병원 의료 기능 강화의 실제다.

함께 미래로 나아가는 요양병원

　2015년 11월, 전남제일요양병원 개원 첫날을 생각해 본다. 가슴 가득 품었던 기대와 걱정이 어제 일처럼 생생하다. 10년이 흘렀다. 참 긴 시간이었지만 동시에 너무나 빠르게 지나갔다. 그 시간 동안 만났던 수많은 환자와 가족들, 함께 일했던 동료들, 그리고 미숙한 나로 인해 불편을 겪었을 분들까지. 모든 만남이 지금의 나를 만들었다. 의사의 길에서 나의 부족함으로 상처받았을 환자와 가족에게 이 자리를 빌려 진심으로 사과의 말씀을 올린다. 하지만 분명한 것은 그런 경험을 통해 더 나은 의료서비스의 길을 걸어가고 있다는 점이다.

　돌이켜보면 처음 몇 년은 설렘과 열정이 가득했다. 그러나 현실은 냉혹했다. 때로는 회식 한 번 편히 할 수 없을 만큼 재정적으로 어려운 순간도 있었다. 그런데도 병원 문을 닫을 수는 없었기에, 매일 아침 다시 문을 열고 환자를 맞았다. 개원 후 이어진 최저임금의 급격한 상승, 예상치 못한 사회 환경의 변화, 코로나 유행을 막기 위한 요양병원 봉쇄정책, 감염 취약 시설이라는 낙인, 너무 많아진 요양병원을 줄이려는 각종 정책과 사회적 입원이라는 비난들. 사는 게 고통이었지만 그렇다고 포기할 수도 없는 시기였다.

그런 고비를 넘기며 깨달은 것이 있다. 요양병원의 미래는 결국 사람에게 달려있다는 점이다. 아무리 좋은 시설을 갖추고 훌륭한 시스템을 만들어도 그것을 운영하는 사람이 없으면 의미가 없다. 직원들이 성장하지 않으면 병원도 성장할 수 없다. 이런 깨달음에서 우리 병원의 슬로건을 "함께 하겠습니다"에서 "함께 성!장!하겠습니다"로 바꿨다. 단순한 문구 변경이 아니라 병원 운영 철학의 근본적 전환이었다.

10년 동안 병원을 운영하면서 가장 보람 있었던 순간들을 떠올려본다. 처음에는 걷지도 못했던 환자분이 재활을 통해 보행기로 화장실까지 혼자 다니시게 되었을 때, 말기 암으로 고통받던 분이 소원 성취 프로그램을 통해 마지막 웃음을 되찾았을 때, 사별 가족 모임에서 "이 모임이 있어서 한 달이 기다려

져요."라는 말을 들었을 때. 이런 순간들이 모여 요양병원의 진정한 의미를 깨닫게 해주었다. 그리고 이러한 경험 속에서 "정거장"의 철학을 구체화했다.

하지만 현실적 어려움도 무시할 수 없다. 창가에 놓인 테이블 야자수를 보며 떠나간 직원을 생각한다. "원장님, 그동안 감사했습니다. 물 주는 방법까지 적어두었으니 잘 키워주세요." 그분이 남겨준 쪽지에는 정성이 가득했다. 한 명의 직원이 그만두면 그 빈자리는 단순히 한 명의 문제로 끝나지 않는다. 병동 3교대 근무를 돌릴 수 있느냐 없느냐가 걸린, 병원 운영이 좌우되는 큰 문제가 될 수 있다.

십수 년 전 물가를 기준으로 설정된 정액수가제로는 최저임금과 공휴일 수당을 감당할 수 없다. 24시간 365일 일해야 하는 요양병원에 공무원 휴일을 적용하면 15-16일에 달하는 휴일 초과근무수당은 어디서 나와야 하는가? 환자는 평일 휴일 상관없이 아프고 휴일에 일한 직원은 초과수당을 받아야 하는데 환자를 돌본 병원에도 그에 비례하는 수가가 있어야 하지 않을까? 이런 현실적 문제는 요양병원 운영을 어렵게 만든다.

그런데도 희망을 잃지 않는 이유가 있다. 바로 협력과 연대의 힘을 믿기 때문이다. 이제 요양병원의 경쟁자는 옆의 요양병원이 아니다. 요양병원에 대해 좋지 않은 인식을 바꾸는 일도 개별 요양병원에서 할 수 있는 일이 아니다. 돌봄의 기능을 넘어 의료기관의 역할을 해나가려면 혼자만의 힘으로는 부족하다. 함께 격려하고 노하우를 공유하여 빠른 시간에 의료 기능 강화를 이뤄내야 한다. 우리에게 주어진 시간이 많지 않다.

대한요양병원협회에서 활동하면서 절실히 느끼는 것이 바로 이런 연대의 필요성이다. 춘계학술대회부터 임원 워크숍, 그리고 지역별 정책 설명회까지 요양병원 대멸종과 위기 극복을 위한 의료 기능 강화를 주제로 함께 고민하고 있다. 전국의 요양병원 동료들과 만나며 각자의 경험을 나누고 서로의 어려움을 공감하며 함께 해결책을 찾아가는 과정이 소중하다.

특히 요양병원 아카데미와 같은 인재 양성 프로그램의 중요성을 절감한다. 3개월이라는 시간 안에 한 명의 의사를 전국 어느 요양병원에 가도 인정받을 수 있는 전문가로, 나아가 병원 하나를 온전히 책임질 수 있는 경영자급 인재로 키워내는 것. 이런 시도가 모이고 모여 요양병원 전체의 수준을 끌어올릴 수 있을 것이다.

앞으로의 10년을 준비하며 꿈꾸는 요양병원의 모습이 있다. 첫째, 직원과 병원이 함께 성장하는 선순환 구조다. 직원의 성장이 병원의 성장으로, 병원의 성장이 환자의 만족으로, 환자의 만족이 다시 직원의 보상으로 돌아오는 지속 가능한 시스템. 둘째, 지역사회의 돌봄 허브 역할이다. 급성기 병원과 지역사회를 잇는 진정한 의미의 정거장. 환자의 삶이 병원과 사회 속에서 연속적으로 이어질 수 있도록 돕는 다리와 같은 공간. 셋째, 의료 기능이 강화된 전문 의료기관이다. 고령자 암 환자, 감염질환, 다제내성균 등 복잡한 질환을 가진 환자들을 안전하게 돌볼 수 있는 역량을 갖춘 병원.

오늘도 환자를 돌보며 협회에 나가고 타 요양병원과 교류하며 밤을 새워 이 글을 정리했다. 순간순간 떠오른 생각을 적은 단편적인 글들을 하나의 주제로 이어 나가는 것은 상상할 수 없는 에너지가 드는 일이었다. 마치 핵융합 같은 그런 일이다. 하지만 이 과정을 통해 더욱 명확해진 것이 있다. 요양병원의 미래는 혼자가 아닌 함께 만들어가는 것이라는 점이다.

어렸을 적 다니던 교회에서 배운 전인 치유의 정신, 의대 시절 CMF에서 만난 동료와의 우정, 전공의 시절 동기와 함께 겪은 어려움과 성장, 요양병원에서 만난 수많은 환자와 동료들. 이 모든 만남이 지금의 나를 만들었고 요양병원에 대한 신념을 키워주었다. 특히 대한요양병원협회에서 만난 손덕현 회장님,

기평석 회장님, 남충회 회장님을 비롯한 전국의 동료들, 함께 고민하고 협력하는 모든 분에게 감사한 마음뿐이다.

10년 전 개원할 때 품었던 꿈이 있다. 환자와 가족이 안심하고 머물 수 있는 병원, 직원들이 자부심을 품고 일할 수 있는 직장, 지역사회에서 신뢰받는 의료기관. 그 꿈이 완전히 이루어졌다고 할 수는 없지만 그 방향으로 한 걸음씩 나아가고 있다는 확신이 있다. 그리고 이제는 그 꿈을 전국의 요양병원과 함께 나누고 싶다.

유리병 속 테이블 야자수가 자라날 때마다 함께했던 소중한 시간을 기억할 것이다. 그리고 언젠가는 더 나은 환경에서 더 좋은 대우로 모든 직원과 함께할 수 있는 그날을 꿈꾸며 요양병원이 단순한 돌봄 시설이 아닌, 환자의 존엄을 지키고 삶의 질을 높이는 전문 의료기관으로 인정받는 그날을 기대하며.

앞으로도 "정거장으로서의 요양병원"이라는 철학을 가슴에 품고 환자와 직원, 그리고 전국의 요양병원 동료와 함께 성장해 나갈 것이다. 혼자서는 할 수 없는 일도 함께하면 가능하다는 믿음으로. 요양병원의 미래는 우리가 함께 만들어가는 것임을 믿기 때문이다.

epilogue

괜찮아! 잘했어! 고마워! 존중해!

　이 책을 본격적으로 준비하는 기간 동안 많은 일이 있었습니다. 10년 동안의 변화보다 더 큰 변화의 물결이 밀려왔고 요양병원이 가야 할 길을 더욱더 명확해졌습니다. 돌봄 위주의 요양병원에서 의료 중심으로 전환해야 하는 시대적 소명이 우리에게 주어졌습니다. 장기 입원 위주의 요양병원이라 할지라도 병원이라면 퇴원 기능을 갖추어야 한다는 복지부의 직접적인 주문을 받았고 의료 요양 등 지역 돌봄 통합 지원법 시행도 앞두고 있습니다.

　변화의 한복판에서 대한요양병원협회(협회장 임선재)는 나에게 전국 정책 설명회를 함께 돌며 '요양병원 의료 기능 강화'를 강의하며 성장할 기회를 주셨습니다. 이후에는 협회 회원병원을 대상으로 김성우 정책위원장, 각 지역 회장님과 함께 지역 또는 개별 요양병원을 찾아가 '요양병원 대멸종, 의료 기능 강화'에 대해 강의하며 '요양병원 대멸종'이라는 절박한 현실을 공유하고 생존을 위한 변화를 역설했습니다.

또한 전남제일요양병원 방문을 원하는 기관에는 병원을 개원하여 '원데이 클래스'도 개최하였습니다. 무엇보다 대한요양병원협회 일본 연수를 통해 배운 지역사회 돌봄 통합에 대한 통찰은 앞으로 요양병원의 나아갈 길을 고민하는 데 큰 힘이 되었습니다. 함께 강의를 들어주고 병원에 초청해 주고 전남제일에 방문해 주신 모든 분이 이 책의 공동 저자인 셈입니다.

개인적으로도 시련과 성찰의 시간이었습니다. 전남제일요양병원 개원 10주년을 향해 달려가고 있었으며 10주년 다음날에도 병원 문을 열 수 있는, 즉 생존할 수 있는 1년이 되자며 병원 성장을 위해 부단히 노력했습니다. 야심 차게 개원한 '굿닥터노인복지센터(주간 보호)'는 2년간의 운영을 뒤로 하고 폐원을 결정하기도 했습니다.

의료 복합체에 대한 꿈을 꿨지만 현실의 벽은 높았고 아직은 요양병원을 병원답게 발전시키는 것이 급선무라는 판단을 하였습니다. 그런데도 의료 돌봄 복합체 같은 기능을 하기 위해 지역사회와 함께 할 수 있는 다양한 역할을 해야겠다고 다짐하였습니다.

하여, 부족한 글이지만 출판사의 도움을 받아 이렇게 세상에 내놓습니다. 완성도 높은 글과 책은 다른 분 또는 내일의 나에게 부탁합니다.

이 책을 쓸 수 있었던 것은 저와 함께 해준 전남제일요양병원의 직원과 환자분들이 있었기 때문일 것입니다. 부족하지만 함께 성장 발전해 나가려 노력하는 모습에 많은 분이 연민도 느끼고 또 기대도 해주셨을 것입니다. 어려울 때는 함께 돕고 나의 장점으로 타인의 단점을 보완하여 합력하여 선을 이뤄가는 병원을 꿈꿉니다.

24시간 365일 쉴 새 없이 돌아가는 의료 현장은 절대 쉽지 않습니다. 웃는 일보다는 짜증 나고 화나고 불안한 일들이 더 많을 것입니다. 그 치열한 고령자 의료 현장에서 그래도 우리는 "잘했다! 수고했다! 고맙다!"는 칭찬과 격려를 아끼지 않고 서로를 파트너로 '존중'하는 문화를 만들어 가고 싶습니다.

괜찮아! 잘했어! 고마워! 존중해!

초긍정으로 하루하루를 바꾸고 요양병원을 바꾸고 나와 대한민국을 바꿔나가면 좋겠습니다. 지금까지 이 길을 함께 걸어주셔서 감사합니다. 이제 생존을 넘어 함께 성장하는 길로 나아갑시다.

　병원과 직원이 함께 성장합시다.

　협회와 병원이 함께 성장합시다.

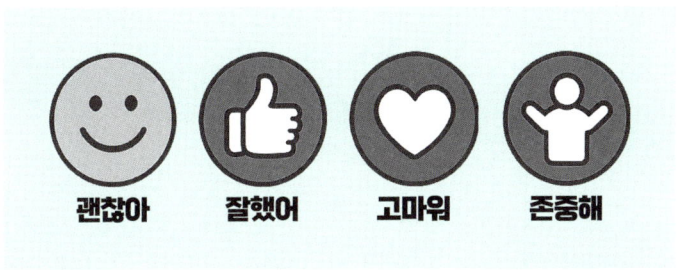

초긍정! 오늘이 달라집니다.